21世纪工程管理新形态教材

U0368620

综合能源服务导论

主　编◎赵文会　王　楠

副主编◎李　军　李　杰　徐　臣

参　编◎杨　斌　李　威　郭　伟

　　　　彭　勇　赵建磊　毛维杰

　　　　马继彬　范书文　王上佳

　　　　季　冲　邱　烨　张少崇

清華大学出版社
北京

内 容 简 介

综合能源服务打破了传统能源服务的局限，其服务形式和服务内容能够满足用户的多样化用能需求，对于推动能源革命、构建现代能源体系具有重要意义。本书共 7 章，主要内容包括能源发展的趋势及挑战、综合能源服务概述、综合能源服务技术框架、综合能源服务业务体系、综合能源服务商业模式、国内外典型综合能源服务发展现状与典型案例等。本书深入浅出，由简入难，层层递进，融知识性和专业性为一体，全面介绍了综合能源服务的发展应用情况，并且提供了大量综合能源服务案例，为制订综合能源服务方案提供参考。本书既可作为高等院校电气工程、自动化、能源动力等专业师生的教学用书，也可供综合能源服务的投资公司、设计单位、实施单位、运营单位从业者阅读参考。

图书在版编目（CIP）数据

综合能源服务导论 / 赵文会，王楠主编 . —北京：清华大学出版社，2024.4
21 世纪工程管理新形态教材
ISBN 978-7-302-65766-8

Ⅰ.①综…　Ⅱ.①赵…②王…　Ⅲ.①能源经济－服务市场－高等学校－教材　Ⅳ.① F407.2

中国国家版本馆 CIP 数据核字 (2024) 第 055801 号

责任编辑：吴　雷
封面设计：汉风唐韵
版式设计：方加青
责任校对：王荣静
责任印制：刘海龙

出版发行：清华大学出版社
　　　　　网　　　址：https://www.tup.com.cn, https://www.wqxuetang.com
　　　　　地　　　址：北京清华大学学研大厦 A 座　　　　邮　　编：100084
　　　　　社 总 机：010-83470000　　　　　　　　　　邮　　购：010-62786544
　　　　　投稿与读者服务：010-62776969，c-service@tup.tsinghua.edu.cn
　　　　　质 量 反 馈：010-62772015，zhiliang@tup.tsinghua.edu.cn
印 装 者：北京嘉实印刷有限公司
经　　销：全国新华书店
开　　本：185mm×260mm　　　印　　张：8.75　　　字　　数：164 千字
版　　次：2024 年 4 月第 1 版　　　　　　　　　印　　次：2024 年 4 月第 1 次印刷
定　　价：49.00 元

产品编号：095736-01

第 1 章

能源发展的趋势及挑战

1.1 能源发展的基本特征

1.1.1 全球能源发展预测

影响全球能源发展的因素有经济增长、碳中和、能效提升、技术进步、电气化、数字化等。

1. 全球经济持续增长，亚太是主要动力

根据国际货币基金组织预测，预计到 2050 年，全球 GDP 将增至 195 万亿美元（2010 年不变价），2019—2050 年年均增长 2.7%，较 1980—2019 年年均增速降低 0.2 个百分点；2019—2050 年，亚太 GDP 年均增长 3.9%，对全球 GDP 增长的贡献率高达 57%；北美、欧洲年均增速均约 1.7%，贡献率合计约 29%，见图 1-1。

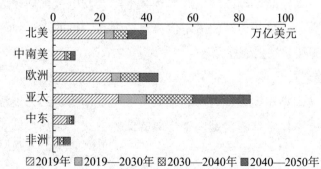

图 1-1　2019—2050 年部分地区 GDP 增长情况（2010 年不变价）

2.世界各国越来越重视气候变化

拓展阅读 1.1
中国双碳目标
实施路径

可持续发展和经济绿色复苏正在成为国际社会的普遍共识，主要举措有发展新能源、绿氢产业及绿色建筑等。多国公布碳中和目标将重振全球应对气候变化的信心。截至 2020 年 11 月底，全球超过 30 个国家和地区明确了碳中和时间表，合计碳排放量约占 2019 年全球碳排放量的一半（见表 1-1）。未来碳市场将更加成熟，覆盖范围和参与主体会持续扩大。

表 1-1　主要国家和地区碳中和时间表

国家 / 地区	目标年份	占 2019 年全球碳排放量的比重
加拿大	2050	1.70%
欧盟	2050	9.00%
英国	2050	1.00%
中国	2060	29.30%
日本	2050	3.10%
韩国	2050	1.90%
南非	2050	1.20%

3.能效提升是实现能源转型和碳中和的重要途径

根据国际能源署测算，能效提升与节能减排措施能有效助力碳排放量的减少，其贡献值约占 2030 年碳减排指标的一半、2050 年的 1/3 以上。"能效提升"模式下，预计到 2030 年，可累计节约 10% ～ 15% 的能源需求，2030—2050 年可累计节约 35% ～ 40% 的能源需求。

4.技术进步是实现能源转型和碳中和的关键

1）新能源技术

风能、太阳能发电的度电成本持续下降、发电装机规模大幅提升，海上风电技术逐步成熟。随着新能源的成本优势日益突显，技术水平日渐提升，它必将成为满足未来能源需求的主要能源。

2）储能技术

储能技术将在调频、调峰等领域发挥重要作用，助力能源系统更加灵活高效。抽水蓄能、电化学储能仍是未来重要的储能方式，储热、储氢等储能技术也将迅速发展。

3）氢能技术

氢能将成为终端用能的有效补充，氢能技术是实现深度碳减排的重要手段。氢能作为可再生能源，可用于制取甲烷和甲醇、提供高温热能以及作为氢燃料电池等。预计 2030 年前后氢能技术将步入发展的快车道。

4）CCUS 技术

碳捕集利用与封存技术（carbon capture，utilization and storage，CCUS）可有效捕获、利用、封存化石燃料中无法避免的碳排放，它是实现碳中和必不可少的技术手段。化学吸收和物理分离是目前最有效的碳捕集方法。

5. 电气化是能源清洁高效利用的必由之路

在工业、交通、建筑等领域，电能将成为替代煤炭、石油、天然气等化石能源的新潜力股，各行业电气化水平将大幅提升。未来，大量的可再生能源需转化为电能继续发挥效用。

6. 数字化将显著提升能源系统智能化水平

数字化将推动"源—网—荷—储"一体化发展，实现多种能源综合优化、协调互补，进而促进能源行业全产业链有机协同发展，实现能源系统高效运行。

1.1.2 能源发展趋势

能源作为经济发展的动力和基础，为社会的进步起到了有力的推动作用。以智能电网为核心的能源系统革命推动了全球范围内电力系统的信息化和智能化的转型升级。对能源发展的预测已经成为世界各国政府、能源企业运行发展以及投资决策的重要依据。目前，国际上从事此类研究的机构众多，主要包括：国际权威机构，如国际能源署、全球风能理事会、美国能源信息署等；大型能源公司，如埃克森美孚（Exxon Mobil）、英国石油公司等；国际能源公司，如彭博新能源财经等。此类机构会不定期发布能源展望或能源市场报告，统计能源发展数据并对中长期全球能源市场发展趋势进行一定的预测分析和研判。

1. 能源需求增加，结构低碳转型

多家能源研究机构认为，技术进步在带来能源效率提升的同时也会导致世界能源需求的增速放缓，但是未来世界能源需求总量仍将持续增长。英国石油公司预测，在未来的 25 年里能源需求将增长约 33%。相较而言，埃克森美孚认为全球能源需求增长或在 25% 左右，估计较为保守。

埃克森美孚和英国石油公司均认为，以中国和印度等国家为代表的新兴经济体将成为未来全球能源需求增长的主要驱动力。埃克森美孚认为，非经合组织国家（如

中国和印度等）对能源需求的增长或将达到 40% 左右。英国石油公司的预测显示，到 2040 年，中国和印度将会占据全球能源需求增长的一半，随着中国经济向更可持续发展的模式过渡，其能源增长速度将会放缓，印度则将超越中国，成为全球能源需求增长最快的能源市场。

多家能源研究机构预测，向更低碳的能源结构转型将会持续进行。美国能源信息署认为，到 2040 年，世界范围内除煤炭外其他燃料消费量均会呈增加态势。彭博新能源财经预测，2018 年至 2050 年，全球发电行业的煤炭消费量将会同比下降 56%。英国石油公司指出，可再生能源的持续快速增长正在促成有史以来最多元化的能源结构。预测到 2040 年，石油、天然气、煤炭和非化石能源将在世界能源占比中达到 25%，超过 40% 的能源需求增长将来自可再生能源（见图 1-2）。在"渐进转型"情景下，到 2040 年全球碳排放总量将增加约 10%，高于为兑现巴黎承诺所需达到的降幅。而在"更快转型"情景下，到 2040 年碳排放总量比 2016 年同比下降近 50%，电力行业接近完全脱碳，额外的减排量大部分来自发电侧。

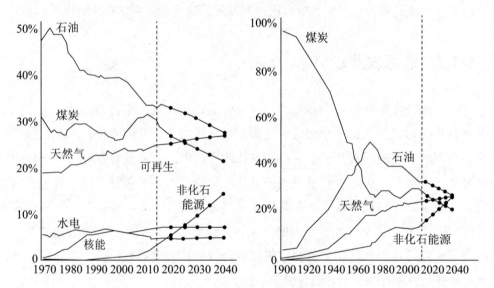

图 1-2　能源需求增长预测

数据来源：英国石油公司（British Petroleum, BP）

中国是过去 20 年间世界最大的能源消费国，也是全球能源增长的最主要来源。英国石油公司《世界能源展望》（2018 年版）表示，到 2040 年，中国在世界能源消费总量的占比将达到 24%，占全球净增长量的 27%。同时，中国能源结构将发生显著变化，在"渐进转型"情景下，煤炭在一次能源中的占比将从 2016 年的 62% 下降至 2040 年的 36%；相比而言，天然气的比重几近翻番至 13%；可再生能源迅速扩张，将从 2016 年的 3% 攀升至 2040 年的 18%。可再生能源将接替石油成为中国第二大能源来源。

2. 能源供需失衡，存在能源危机

自 2008 年爆发金融危机以来，全球能源供应趋势呈现显著变化。原油价格从 2008 年逼近每桶 150 美元的最高位，回落到 2015 年的每桶 30 多美元。

全球能源供应过剩、供需失衡的格局已是不争的事实。一方面，能源生产国为获得更多的能源收入，并无减产意向。2014—2015 年的油价暴跌，这与沙特、伊拉克等石油输出国大量增产密切相关。另一方面，一些重要的产油国受到能源供需失衡的严重冲击，如委内瑞拉几乎面临国家破产的危局；而俄罗斯则因其与乌克兰的争端，受到欧美经济制裁，其向西方国家的原油出口也被大规模限制，从而直接影响本国经济发展和国民生活。在全球传统能源市场哀鸿遍野之际，可再生能源却表现出强劲增长的势头。据 21 世纪可再生能源政策网络于 2022 年发布的数据显示，2021 年全球新增可再生能源装机容量达到历年最高。毫无疑问，在政策扶持上，可再生能源投资并未受到低油价的严重影响。值得警惕的是，全球能源消费的乏力预示着经济趋势即将走向一个新的衰退期。倘若实体经济找不到新的增长点，新能源危机爆发的可能性就会依然存在。一旦其与经济的波谷重合，极可能对整个社会的发展造成重创。

3. 能源结构亟须优化升级

能源结构加速优化升级，进而促使清洁化水平显著提升。煤炭终端需求被逐步替代，2030 年在终端能源消费中，煤炭消费占比将降至 20% 左右，2050 年将降至 10% 以下。天然气消费快速增长，油品增长相对缓慢，2050 年油气占终端能源消费的比重将提升至 40% 上下。电能在终端能源消费结构中的比重持续上升，在 2030 年前将有望超过煤炭成为最主要的终端用能品种。一次能源结构持续朝着清洁低碳方向调整，非化石能源在 2035—2040 年前后将成为第一大能源品种。截至 2050 年，非化石能源占一次能源需求总量的比重将达到 46% ～ 58%。

煤炭需求已进入下降通道，煤炭的清洁高效利用势在必行。常规转型情景下，煤炭需求在经历峰值平台期后较快下降，到 2030 年将降至 24.4 亿吨标准煤，2050 年将降至 10.0 亿吨标准煤。在新能源发展加速的情景下，煤炭需求下降速度更快。2030 年需求总量将降至 22.6 亿吨标准煤，2050 年需求总量将降至 7.2 亿吨标准煤。随着煤炭清洁高效利用的步伐加快，终端散煤利用将逐步转为发电供热集中利用。终端煤炭需求和污染物排放将大幅下降。

根据《中国能源大数据报告（2021）》显示，电气化水平持续提升，电能将成为能源供应和消费主体。电能在终端能源消费结构中的占比持续提升，2030 年将提

高至 30% 左右，2050 年将增至 35% ～ 46%。建筑部门是电气化水平和提升潜力最高的部门，电气化水平将从 2015 年的 29% 提高到 2050 年的 46% ～ 66%。工业部门电气化水平将从 2015 年的 23% 提高到 2050 年的 42% ～ 49%。

随着终端电气化水平的提高，发电能源占一次能源的比重也将持续上升，常规转型情景下有望在 2035 年超过 50%，电气化加速情景下有望在 2025 年超过 50%，并在 2050 年达到 69% 左右。

1.2 能源发展的基本趋势

虽然智能电网建设取得了显著的成绩，但是人们逐渐意识到单纯依靠智能电网难以实现大规模的可再生能源消纳，无法完成能源系统的综合规划、运行、管理和梯级利用，难以实现能源系统总体安全性的增强以及能源费用的降低。传统的能源生产、传输和消费方式极大地限制了个体发挥作用的空间，如单个能源用户、小型分布式发电供能设备拥有者以及小型能源服务商（如分布式能源聚合商），从而丧失了能源市场化的重要原动力。

1.2.1 能源战略转型

随着经济发展和工业化水平的推进，一国的能源消费总量逐渐达到上限，以能源消费推动经济发展和工业化进程的方式逐渐发生改变，环境保护和能源安全将成为能源战略向多元化和清洁化方向转型的驱动力。我国目前正处于能源战略转型阶段的关键节点，特别是在《巴黎协定》正式生效后，我国能源战略转型更是迫在眉睫，构建综合能源系统有助于推动我国能源战略转型。

拓展阅读 1.2
乌克兰危机导致全球能源格局变化及能源发展新趋势

1.2.2 业务模式创新

在能源发展的大趋势下，跨界进军新能源行业的企业逐步增多，单一能源企业向综合性能源企业逐步转变。基于新能源未来发展前景，近年来诸多国际油气公司纷纷调整发展战略，进军新能源行业，并加大投入力度，以求实现从油气公司向综合性能源公司的转变。从各大公司的新能源战略布局来看，各公司在风能、太阳能、生物质、地热能源、氢燃料及储能技术等各大业务板块均有侧重，并且取得了不同程度的竞争优势。

中国石油、中国石化、中国海油三大石油石化公司也较早就进入新能源产业行列，加大力度推进清洁能源的开发和生产。例如，中国石油侧重发展生物质能源产业；中国石化高调进军甲醇开发；中国海油重点发展海上风力发电等。此外，部分非能源企业，例如，房地产开发企业恒大集团、华夏幸福，制造企业格力，互联网企业百度、阿里等，也纷纷宣布将进入新能源行业。可见，未来将有更多的传统能源企业和非能源企业跨界进军新能源行业，之前单一的能源企业将向综合性能源企业转变，以培育新的业绩增长点，进而提高自身抵抗市场风险的能力。

在能源业务模式方面，将大量涌现能源行业内的新模式、新业态。随着我国新一轮电力体制改革的深入推进，大数据、能源互联网、物联网、智慧能源、区块链技术、人工智能等相关能源科技的迅猛发展，未来新能源行业将催生更多不同于传统企业模式的新发展理念，其经营方式也会发生巨大改变。例如，新兴的互联网技术与新能源产业的结合将给新能源行业带来颠覆性的变革，共享经济有可能使新能源的边际成本降为零。越来越多的企业、公用建筑和家庭，在消费新能源的同时，开始成为新能源的生产者。再如，在电动汽车、灵活性资源、绿色能源灵活交易、能源大数据与第三方服务等领域，已经出现多种重塑新能源行业的商业模式，在推动新能源市场走向开放和产业升级的同时，形成了新的经济增长点。

1.2.3　可再生能源蓬勃发展

1. 政策推动可再生能源发展

根据 21 世纪可再生能源政策网络统计，受环境约束影响，截至 2016 年全球已有 173 个国家设定了可再生能源发展目标，146 个国家颁布了可再生能源支持政策（上网电价、配额制等）。例如，德国提出，到 2030 年可再生能源占能源最终消费比重将达到 30%，可再生能源发电将占全部电力消费的 50%；法国提出，到 2030 年可再生能源将占其电力消费总量的 40%；巴西提出，到 2030 年非水电可再生能源将占其电力总消费量的 23%；中国提出，到 2030 年非化石能源将占能源消费总量的 20%；美国提出，到 2030 年电力消费中的可再生能源占比将提高至 20%；如果上述目标得以实现，将极大促进可再生能源的发展，届时风电和太阳能发电装机将至少增加 3 ～ 5 倍。

2. 可再生能源消费占比将快速上升

根据英国石油公司预测，到 2035 年，可再生能源（包含生物燃料）在能源整体消费量的占比将从目前的 3% 上升到 8%。其中增长最快的能源是可再生能源（年均6.3%），核能（年均 1.8%）和水电（年均 1.7%）的增速也超过总能源消费增速。国际能源署预计，到 2040 年可再生能源发电将占总发电量的 37%。在这之中，几乎一半的电力来自风能、太阳能，并且大多数可再生能源发电在不依赖任何补贴的情况下也极具竞争力。其中，供热和交通领域的新增潜力最大。

3. 可再生能源成本将急剧下降

可再生能源技术的进步将直接降低其投资成本及使用成本，较化石能源更具竞争力，尤其是太阳能和风能发电的成本也将急剧下降。国际可再生能源署预计，太阳能光伏发电的成本到 2025 年将比 2015 年同比下降 59%，从 13 美分 /kW·h 降至 5.5美分 /kW·h；槽式聚光光热发电成本将下降 37%，从 17 美分 /kW·h 降至 11 美分 /kW·h；塔式光热发电成本将下降 43%，从 17 美分 /kW·h 降至 9 美分 /kW·h；陆上风电成本将下降 26%，从 7 美分 /kW·h 降至 5 美分 /kW·h；海上风电成本将下降 35%，从 18 美分 /kW·h 降至 12 美分 /kW·h。彭博新能源财经预计，2016—2040 年，全球可再生能源领域将吸引 7.8 万亿美元的投资额，从而使太阳能光伏发电和陆上风电的标准化成本比 2015 年分别下降 41% 和 60%。

4. 非欧国家可再生能源发展将实现弯道超车

收入和人口是能源需求增长的关键推动因素。因此，中国、印度等发展中国家毋庸置疑将成为可再生能源最大的增长市场。2015 年，中国的能源消费增长 1.5%，创近 20 年来的最低增幅。尽管如此，中国已连续 15 年成为全球最大的能源增长市场。2015 年至 2022 年，中国能源消费增长达 27.3%。可再生能源领域的投资占比也显著飙升。全球信息分析和解决方案提供商 IHS Markit Ltd.（INFO）预计，印度将超越日本成为世界第三大太阳能市场。另根据英国石油公司预测，短期内欧盟将继续引领可再生能源的使用，但到 2035 年，欧盟可再生能源的增量将被美国超越，而中国的增量将超过欧盟和美国之和。

5. 国际顶尖企业跨界进军能源领域

进军可再生能源业成为国际顶尖企业，尤其是高科技公司发展的潮流。这一趋势不可小觑，顶尖企业跨界有望重塑全球能源发展新格局。目前，在美国硅谷等地区，诸多顶尖企业都开始购买可再生能源，同时生产自需能源。根据波士顿大学可持续能源研究所的研究显示，截至 2021 年，购买可再生能源最多的有 24 家企业，包括谷歌、亚马逊、微软、宜家、Equinix、玛氏、陶氏化学、沃尔玛等。除此之外，中国的阿里巴巴也参与其中。面对传统能源形成的多种行政壁垒，高科技公司进入能源业，首选的就是新能源，如风能、太阳能等。此外，由于油价疲软，荷兰皇家壳牌集团也开始大量投资绿色能源领域，进军英德两国海上风电市场。挪威国家石油公司也在 2017 年投资阿布扎比海上风电项目。当高科技和海量资本进入可再生能源界，传统能源巨头需重新审视自身竞争力，可再生能源领域竞争将更加激烈。

作为经济发展的动力和血脉，无论是发达国家还是发展中国家都把能源发展和安全摆在重要的战略位置。对于中国而言，当前宏观经济正面临着能源转型升级的重大挑战，能源的重要性愈发凸显。目前，中国是全球原油、炼油、天然气生产大国，也是全球原油和天然气的消费大国，能源转型已被提升到国家战略层面。从整体来看，无论是传统能源技术升级，还是新能源技术快速突破，中国能源业都将面临从结构到技术、从管理到体制等一系列的重大挑战。

1.3 能源发展面临的主要挑战

我国作为世界第一大能源生产国，主要依靠自身力量发展能源。截至 2022 年，我国能源自给率始终保持在 90% 左右。今后一段时期，我国仍将处于工业化、城镇化加快发展阶段，能源需求将会继续增长，能源供应的保障任务也会更加艰巨。在肯定成绩的同时，我们也应该清醒地看到，我国能源发展过程中仍存在不少矛盾。

1.3.1　资源约束日益突出

虽然近年来我国能源消费增长较快，但目前人均能源消费水平还比较低，为经济合作与发展组织国家的三分之二。随着经济社会发展和人民生活水平的提高，未来能源消费还将大幅增长，资源约束将不断加剧。

1.3.2　能源效率有待提高

目前，我国能源效率相对较低，单位增加值能耗较高，单位国内生产总值能耗不仅高于发达国家，也远高于一些新兴工业化国家，产业结构不合理和经济发展方式有待改进的问题突出。能源密集型产业技术落后，第二产业特别是高耗能工业能源消耗比重过高，钢铁、有色、化工、建材四人高耗能行业用能占到全社会用能的 40% 左右。

1.3.3　生态环境压力增大

我国化石能源特别是煤炭的大规模开发利用，对生态环境造成了严重影响，突出表现在大量耕地被占用和破坏，水资源污染严重，二氧化碳、二氧化硫、氮氧化物和有害重金属排放量大，臭氧及细颗粒物（PM2.5）等污染加剧。然而在未来相当长的时期内，我国能源结构中化石能源仍占主体地位的基本现实难以改变，因此，保护生态环境、应对气候变化的压力日益增大，我国迫切需要能源绿色转型。

1.3.4　"5·31"新政对光伏产业的影响

2018 年 5 月 31 日，国家发展改革委、财政部、国家能源局三部委联合下发《关于 2018 年光伏发电有关事项的通知》〔发改能源（2018）823 号〕，如图 1-3 所示，对 2018 年光伏发电新增建设规模、补贴退坡、资源配置市场化等事项作出安排。该文件于 2018 年 6 月 1 日在国家发展改革委、国家能源局官网公开发布。"5·31"新政几乎重塑了光伏价格政策体系，改写了光伏行业的"游戏规则"。

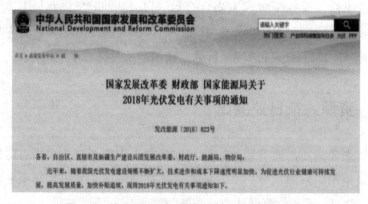

图 1-3　关于 2018 年光伏发电有关事项的通知

1. "5·31"新政的主要内容可以用"降"字来概括

（1）规范行业发展实际，暂不安排 2018 年普通光伏电站建设规模。在国家未下发文件启动普通电站建设工作前，各地不得以任何形式安排需国家补贴的普通电站建设。

（2）规范分布式光伏发展。2018 年安排 1000 万 kW 左右规模用于支持分布式光伏项目建设。各地 5 月 31 日（含）前并网的分布式光伏发电项目纳入国家认可的规模管理范围，未纳入国家认可规模管理范围的项目，由地方依法予以支持。

（3）支持光伏扶贫。落实精准扶贫，精准脱贫要求，扎实推进光伏扶贫工作，各地在落实实施条件、严格审核的前提下，及时下达"十三五"第二批光伏扶贫项目计划。

（4）完善光伏发电电价机制，加快光伏发电电价退坡。自发文之日（2018年5月31日）起，新投运的光伏电站标杆上网电价每千瓦时统一降低0.05元，Ⅰ类、Ⅱ类、Ⅲ类资源区标杆上网电价分别调整为每千瓦时0.5元、0.6元、0.7元（含税）。自发文之日起，新投运的、采用"自发自用、余电上网"模式的分布式光伏发电项目，全电量度电补贴标准降低0.05元，即补贴标准调整为每千瓦时0.32元（含税）。符合国家政策的村级光伏扶贫电站（0.5兆瓦及以下）标杆电价保持不变。

（5）加大市场配置资源力度。所有普通光伏电站均须通过竞争性招标方式确定项目业主。招标确定的价格不得高于降价后的标杆上网电价。积极推进分布式光伏资源配置市场化，鼓励地方出台竞争性招标办法配置除户用光伏以外的分布式光伏发电项目，鼓励地方加大分布式发电市场化交易力度。各地、各项目开展竞争性配置时，要将上网电价作为重要竞争优选条件。

在文件发布当日，国家能源局还发布政策解释文章，针对下一步如何支持光伏发展这一问题，提出了保障光伏发电消纳、规范光伏发电发展、推进市场化交易，以及落实优先调度要求四点措施。其中，关于光伏市场化交易，国家能源局明确，将在试点基础上，出台鼓励光伏发电与用户直接交易的支持政策，有效降低交易费用，继续推进新能源微电网等有利于分布式光伏发展的新业态和新模式。

2. "5·31"新政着眼行业壮大

行业依靠补贴无法壮大是大家的共识，降电价是大势所趋。从企业来看，它们依然没有考虑清楚未来光伏行业应该怎样发展：是继续等待国家能源局以这种规模管控的方式每年给一定的指标，还是彻底调整当前的电价机制？未来光伏市场应如何参与售电市场？未来发展的瓶颈是什么？这些问题才是关系我国光伏发展前景的重点。无论是从电力市场角度还是从行业发展的阶段，标杆上网电价政策都走到了改革的路口。现有的标杆电价是通过"装机成本＋合理收益"倒推出来的，在行业发展早期，固定电价对投资收益的保障是很有必要的。但随着市场规模越来越大，成本下降要比预期快很多，电价下降速度慢于成本下降速度就会出现大量装机，补贴资金要么增加来源，要么就会出现缺口，规模越大，缺口越大。

在这种情况下，应尽快进行电价政策改革，首先由"固定电价"转向"度电固定补贴"，即"国家每度电补多少钱"。另外再通过用电规模来指导电价的下调，而不是通过固定的时间节点来下调。例如，每千瓦时0.37元的电价有15吉瓦（GW）的新增规模，一旦新增量达到之后，电价继续下调一档。电价如果确实很高，会有很多开发企业抢装，市场会被迅速填满。对于分布式项目，小而分散是最大特点，如果走招标，公共管理成本较高，完全可以考虑这种规模指导电价的调整机制。

对于地面或者大型电站走全额上网模式的，可以全部走竞价流程。国家能源局曾经在 2016 年、2017 年推动各省的普通地面招标，但是各省并不希望电价出现大规模下调，所以招标都是很小幅度的下降，没有起到大幅下调电价的作用。最后还是领跑者基地通过城市之间和开发企业的两轮竞争，才实现标杆电价大幅下降。青海领跑者投标的最低电价已经低于当地脱硫脱硝火电上网电价，为国家节约了大量补贴。未来地面光伏的招标模式，将参考领跑者基地的经验，通过地方、项目两轮竞争来实现。

3. "5·13" 新政严格指标的例外

在此次新政中，国家能源局对各路指标严格控制，但唯有一个例外，即"支持光伏扶贫，落实精准扶贫、精准脱贫要求，扎实推进光伏扶贫工作，各地在落实实施条件、严格审核的前提下，及时下达'十三五'第二批光伏扶贫项目计划"。

根据"十三五"规划，2018 年全年扶贫指标在 8GW 左右。第一批光伏扶贫规模在 4.186GW，集中式扶贫电站于 6 月 30 日前实现并网，村级扶贫电站年底建成。按照往年下发规模，第二批扶贫项目规模在 4GW 左右，全年合计 8GW 左右。除此之外，扶贫上网电价不下调。为积极支持光伏扶贫，维持符合国家政策的村级光伏扶贫电站（0.5 兆瓦及以下）标杆电价不变。

1.3.5　能源转型困难

近年来，在应对全球气候变化成为国际主流议题的大背景下，大力发展以可再生能源替代化石能源为主要方式的能源转型已成为很多国家能源政策的重要内容。

国际能源署预计，到 2035 年中国将超越美国成为全球最大的能源消耗国。中国能源改革创新刻不容缓，转型面临诸多挑战，能源转型进程步履维艰。

相比世界其他主要经济体和能源消费大国，中国能源转型的难度和复杂性居于首位。大体上，中国能源转型之难有四：一是能源消费体量大，中国已经成为世界第一大能源消费国；二是中国工业化和城市化均未完成，能源消费总量还处于递增阶段，能源消费总量在一段时期内有继续增长的趋势，而德国、日本、英国和其他后工业化国家已经进入能源消费总量下降阶段；三是中国能源消费结构中煤炭占比极高，虽然在前些年作为化石能源中清洁能源的天然气增长较快，但占比非常低，长期以来属于全球最低水平的国家之一；四是碳减排压力大、时间紧。中国承诺到2030 年碳排放达到峰值。虽然近几年碳排放增速下降加快，但无论从能源的量级，能源需求的增长，还是能源结构和碳减排目标看，中国的能源转型将面临前所未有的挑战。

1.3.6 能源转型障碍

中国能源转型的首要障碍在于产业界、理论界和实操部门对能源转型存在不同程度的简单化、程式化理解倾向。而在这一思维和观念的影响下，中国向可再生能源转型存在以下三种障碍：

（1）能源转型被简化为单纯提高可再生能源份额的问题，能源转型的推进也被完全归结为政府的决心。似乎只要政府政策力度大，补贴到位，能源转型就能成功。

（2）目前的主流观点倾向于把可再生能源的成本竞争力作为向可再生能源转型的关键问题。该观点认为随着风电和光伏发电成本的进一步下降，它们就可以与常规能源形成竞争，届时可再生能源发展面临的问题就会迎刃而解。然而，向可再生能源转型中的关键问题其实不是成本问题。

（3）能源转型的长期性和复杂性没有得到正确理解和足够重视。人类历史上的能源转型都需要经历相当长的时间：煤炭取代薪柴成为主导能源经历了 150 年左右，石油超过煤炭成为主导能源经历了 90 年左右。可再生能源由于能量密度低、资源位置限制、转换效率等方面的问题，其要替代化石能源注定要花更长的时间。例如，从 19 世纪 70 年代末法国最早开始利用水力涡轮机发电到今天，虽已有一百多年的历史，但水电在全球一次能源消费中的比重也仅为 6% 左右。自 20 世纪 30 年代风力涡轮机发电、60 年代光伏发电产生以来，风电与光伏发电在全球一次能源中的比重迄今为止也仅为 2% 多一点。

然而，实践中诸如可再生能源转型的这种"长期性"和"复杂性"不但没有成为推动全面、深入研究能源转型的动力，反而被一些不愿意推进能源转型的市场主体作为拖延转型进程的借口。缺乏对能源转型具体历史进程的深入研究和深刻理解，是造成当前中国能源转型实践战略思维缺位的原因。

能源转型通常表现为一次能源品种主导地位的更替，即新能源取代旧能源。但新能源份额的提升只是能源转型的一个浅层表现，或者说，它仅仅是一次成功的能源转型的自然结果。对一个国家而言，完整理解能源转型的内涵是确立正确能源转型战略、顺利推进能源转型的前提，至少应从三个方面来理解很多国家当前正在推进的能源转型。

首先，能源转型绝不仅仅是在现有能源体系中单纯提高可再生能源或非化石能源的比重，更重要的是要有能源体系的结构性变化。其次，每次能源转型都会涉及利益关系的再调整，都会产生失败者和成功者。随着石油逐步替代煤炭，石油供应商及相关企业崛起，部分煤炭供应商及相关企业倒闭。随着可再生能源对化石能源替代的深入，可再生能源企业与化石能源企业之间的竞争将日益激烈。最后，要对当前能源转型的长期性和复杂性有清晰认识与足够重视，尤其是电网系统要主动进行变革以适应可再生能源的发展要求。

与化石能源特性完全耦合的现有能源体系，特别是电力系统，必须进行变革以适应可再生能源分布式、小功率的特点。现有能源体系容纳可再生能源发展的空间相当有限。在这种情况下，如果政府不能正确把握能源转型的大方向，并且对由此导致的利益关系进行再调整，或者受到旧能源集团的影响，都可能会出台阻碍能源转型的政策。

例如，在19世纪初，荷兰传统主导能源泥炭的消费地位受到发热量更高的进口煤炭威胁时，荷兰政府采取各种措施，包括征收煤炭进口关税来保护本国泥炭产业，其结果不仅延迟了荷兰能源体系向煤炭转型，而且使本已开始衰退的荷兰经济雪上加霜。事实上，从能源转型的历史看，一种能源替代另一种能源，并获得主导地位，需要几十甚至上百年的时间。而当前的能源转型实质是可再生能源对化石能源的替代，从宽泛的意义上讲，可以说是非化石能源对化石能源的替代。与历史上的能源转型相比，其复杂性与长期性均更胜一筹。

从复杂性看，可再生能源是多个品种的集合，其中任何一个能源品种都不具备成为单一主导能源的潜质。而且这些可再生能源品种的技术特性也不完全相同：水电基本与现有的基于化石燃料的电力系统兼容，风能和太阳能则更适合分布式、小功率，生物质能则是分布式、集中式均可。从长期性看，作为替代能源主力军的可再生能源，其能量密度与被替代的化石能源相比并无优势，即使考虑到政策的积极因素，也需要更长的时间来使其孕育出竞争优势。要把这些能源利用技术整合为一个有机的新能源体系，将面临更多的技术、组织和制度方面的复杂性问题。对此，政府的政策制定与实施部门应予以高度重视。

1.3.7　当前电力系统调度灵活性与运行管理制度面临挑战

自我国经济进入新常态以来，煤炭发电厂产能过剩明显，在未来的电力系统中，有出现投资搁浅和化石能源技术锁定的风险。此外，电厂和互联电网的调度运行受到传统电力市场交易制度和地方利益壁垒的影响，无法适应大规模风电和太阳能发电等波动性电源的发展。我国的电力体制改革也正在进行中，这些问题均应得到解决，以便为电力系统的运行和发展创造一个全新的框架。然而，由于制度障碍以及缺乏针对不同省份的共同目标，目前电力市场改革推进缓慢，区域电力市场在市场设置和计划安排方面的合作往往存在明显的利益冲突。在电力体制改革不到位的情况下，该问题的确会影响不同省市现实的本身利益。

 ## 1.4　能源互联网与综合能源管理

拓展阅读 1.3
中新天津生态城能源管理平台建设与运行实践

　　能源互联网的提出和发展可为环境、经济、社会、技术和政策等领域提供诸多驱动力，它既是能源系统自身发展的大势所趋，又是外部对能源系统提出的迫切需求。随着传统化石能源的逐渐枯竭，能源消费引起的环境问题日益恶化，未来人类发展与传统能源结构不可持续的矛盾日益尖锐，世界范围内对能源供给与结构转变的需求越发高涨，从而催生新型能源结构与供给方式的改变。以深入融合可再生能源与互联网信息技术为特征的能源互联网，将是实现能源清洁低碳替代和高效可持续发展的关键所在。

　　发展能源互联网将从根本上改变对传统能源利用模式的依赖，推动传统产业向以可再生能源和信息网络为基础的新兴产业转变，是对人类社会生活方式的一次根本性革命。《中华人民共和国国民经济和社会发展第十三个五年规划纲要》提出，将推进能源与信息等领域新技术深度融合，统筹能源与通信、交通等基础设施网络建设，建设"源—网—荷—储"协调发展、集成互补的能源互联网。当前我国正处在能源革命的关键时期，《关于推进"互联网＋"智慧能源发展的指导意见》的发布，将在能源技术、生产、供应等多个环节激发"链式变革"，进而推动我国能源改革的大革命。"十四五"规划提出要增强能源供应链安全性和稳定性，加强能源自主供给能力建设并实现到 2025 年非化石能源发电量比重达到 39% 左右。

　　能源互联网的概念最早见于美国学者杰里米·里夫金（Jeremy Rifkin）的著作《第三次工业革命》。里夫金的构想是希望借助信息与通信技术（information and communication technology，ICT）和智能电网，将各类分布式发电设备、储能设备和可控负荷有机整合，从而为用户提供清洁便利的能源供应，并使用户可以参与能源的生产、消费与优化的全过程。

　　此后，能源互联网理念得到很多学者及互联网企业的积极响应，并已成为近期能源领域一个新的研究热点。但与综合能源系统一样，能源互联网全今尚未形成统一定义。有学者尝试给出一种定义框架：能源互联网是以电力系统为核心，以互联网及其他信息与通信技术为基础，以分布式可再生能源为主要一次能源，并与天然气网络、交通网络等系统紧密耦合而形成的复杂多网络多能量流系统。

能源互联网解决方案由于受互联网理念的影响，强调能源的对等开放、即插即用、广泛分布、高度智能以及实时响应等特性。它需要借助互联网领域的云计算、物联网、大数据等热点技术来解决其所面临的挑战，使除能源企业外，还有大量互联网企业积极参与该领域的研究和技术推广。

1.4.1 能源互联网发展理念

近年来，随着化石能源枯竭以及环境危机的加重，人类社会发展与传统能源结构的矛盾日益突出，世界范围内对能源供给与结构转变的需求愈发高涨，能源产业催生出众多发展方向，出现了能源互联网、分布式能源、低碳、可再生能源、绿色能源和智慧智能等热词。这些词汇存在以下共性：互联、高效、服务和友好。互联是指同类能源互联（如区域电网、气网等）、不同能源互联（如燃气转换为电、电转换为热等）以及信息互联（如大数据与智慧城市、不同行业和部门间的信息沟通等）；高效是指通过系统优化配置实现能源高效利用；服务是指从传统工程模式转化为向用户直接提供服务的模式；友好是指不同供能方式之间、能源供应与用户之间友好互动。

能源互联网是能源与信息深度融合的产物，是推动能源改革的必然之路。目前能源供应模式已从集中式逐渐向集中式、分布式、微电网、户用式等多元供应发展。新能源发电技术、清洁能源发电技术、储能技术以及信息技术的发展，使能源互联网在技术上成为必然。另外，信息技术包括物联网、大数据和云计算等技术，它们支撑着能源高效互联以及用户侧的友好交互。能源互联网的重点包括分布式发电、智能配电、智能用电以及用户侧的服务，其体现了三个密集特点：技术密集、资金密集和资源密集。在能源互联网的背景下，需求侧响应以及综合能源服务快速发展。

1.4.2 我国对能源互联网的关注重点

在我国，有效提升能源领域的科技创新和装备制造水平是一项重大国家战略。继智能电网大规模建设后，能源互联网同时吸引了包括政府部门、研究机构、能源企业、互联网企业、互联网企业和金融企业的高度关注。为此国家能源局制定并颁布能源互联网国家行动计划，将其上升至国家战略层面。

能源领域的国家电网公司提出了"全球能源互联网"概念，可将其视为国家"一带一路"倡议在能源领域的一次大胆尝试。新奥集团在其泛能网理念基础上，进一步推出互联网能源系统概念。华为公司专门成立电力、石油及天然气行业的研发团队，进军分布式光伏发电以及智能变电站等领域，并提出全联接电网概念，从中可感受到中国民营企业在能源领域的灵敏嗅觉。

1.4.3　全球能源互联网

全球能源互联网方案由国家电网公司提出，它是以特高压电网为骨干网架，以输送清洁能源为主，以实现"一极一道"为目的构建的跨国乃至跨洲大型能源网络。尽管该方案存在技术上的可行性，但国际间的任何能源合作与网络互联，均涉及复杂的国与国之间的政治博弈，其之间的壁垒往往不在技术层面。类似的问题也存在于欧洲各国的互联电网，它是伴随着欧洲各国一体化进程而实现的，若没有这一重大政治因素的有力推动和支持，其能否实现必然要打上一个问号。

一个很好的例证就是欧洲所提出的跨越地中海连接非洲和欧洲的"Super Grid 计划"，其多数工作至今仍停留在论证阶段，何时完成尚未可知。

1.4.4　综合能源服务与管理

综合能源服务作为在区域能源互联网下实质性开展的业务内容，在"新电改"条件下，出现了新的产业发展契机。综合能源服务的核心是分布式能源，以及围绕它进行的区域能源供应，它是一种将公共热冷、电力、燃气甚至水力整合在一起的综合能源服务形式。

随着我国经济社会持续发展，能源生产和消费模式正在发生重大转变，能源产业肩负着提高能源效率、保障能源安全、促进新能源消纳和推动环境保护等新使命。传统能源系统建设以单一系统的纵向延伸为主，能源系统间物理互联和信息交互较少。能源生产和消费模式的重大转变，要求改变传统能源系统建设路径和发展模式，构建综合能源系统。构建综合能源系统是"建设清洁低碳、安全高效的现代能源体系"的题中应有之意。

综合能源系统，是指一定区域内的能源系统利用先进的技术和管理模式，整合区域内石油、煤炭、天然气和电力等多种能源资源，实现多种不同能源子系统之间的协调规划、优化运行、协同管理、交互响应和互补互济，在满足多元化用能需求的同时有效提升能源利用效率，进而促进能源可持续发展的新型一体化能源系统。"多能互补、协调优化"是综合能源系统的基本内涵。"多能互补"是指石油、煤炭、天然气和电力等多种能源子系统之间互补协调，突出强调各类能源之间的平等性、可替代性和互补性。"协调优化"是指实现多种能源子系统在能源生产、运输、转化和综合利用等环节的相互协调，以实现满足多元需求、提高用能效率、降低能量损耗和减少污染排放等目的。构建综合能源系统，有助于打通多种能源子系统间的技术壁垒、体制壁垒和市场壁垒，促进多种能源互补互济和多系统协调优化，在保障能源安全的基础上促进能效提升和新能源消纳，大力推动能源生产和消费革命。

1.4.5　能源互联网与综合能源管理差别

通过对综合能源系统和能源互联网的对比分析不难看出，综合能源系统和能源互联网均追求可再生能源的规模化开发（开源）以及能源利用效率显著提升（节流），其最终目的都是解决能源可持续供应以及环境污染等问题，但两者关注点各有侧重。

能源互联网的追求目标，决定了电力网和电能必将在其中起主导作用。这主要源于电力网络具有能源实时传输、自动化程度较高和用户侧已基本实现即插即用等优点，而电能本身也具有易于传输、转换和使用的特点。因此，将智能化的电力网作为骨干网络或核心平台，更利于能源互联网目标实现，其中，里夫金在其《第三次工业革命》一书中，更是提出"智能电网＋分布式能源"，即能源互联网的论断。[1]

综合能源系统追求的是能源系统的协同优化，不同的能源形式在不同应用场合会承担不同角色，主导能源会随着应用场景的不同而不同。对于能量的长距离和大容量传输，往往需由电力网和天然气网共同完成，此时电能和天然气将占主导地位；对于能量存储，则会根据品级高低、容量大小以及响应速度快慢等因素，选择电储能、天然气储能或冷/热储能，对应的能源形式将在其中起主导作用。而在微网中，为满足用户的电、气、冷、热等多样性用能需求，则可能出现多种供能组合方式，如可采用单一电力网供能，其他所需的冷热能均由电能转换获得；也可以是"电力＋天然气供能"方式，电/冷/热需求既可源于电能，也可源于天然气；还可以是"电力＋天然气＋热力混合供能"方式。这三种方式下，电、气、冷、热等能源所担负角色各不相同，没有必然的主导能源形式。

▶▶ **本章测试题（扫码答题）**

即测即练

第 2 章

综合能源服务概述

随着可再生能源大规模接入电网，多种能源互联融合已成为能源发展的趋势。本章将从综合能源服务提出的背景、综合能源系统以及综合能源服务定义展开论述，并针对综合能源服务的意义进行探讨。

2.1 综合能源服务提出的背景

最早产生并快速发展的综合能源服务形式是由各种能源产品组合而成的。根据目前已公开的数据资料显示，电力能源和燃气能源的供给服务至少从 1912 年起就已经在德国大量涌现。

近年来，综合能源服务在全球迅速发展，引发了能源系统的深刻变革。世界各国均根据国情制定了适合自身发展的综合能源服务发展战略，国外大型能源企业和服务商均结合自身优势，开展了差异化的综合能源服务。20 世纪七八十年代，综合能源服务侧重于将新技术、新商业模式与能源生产消费相融合，使其更加绿色、高效和便捷。1973 年和 1978 年的两次石油危机，导致全球能源价格大幅上涨。为降低用能成本，以分布式能源、节约型能源以及合同能源管理等新模式为代表的综合能源服务逐渐兴起。21 世纪以来，构建区域综合能源系统，提供集成式服务成为当下的新趋势。欧洲国家自 1999 年起开展多能流协同优化、能源和信息系统耦合集成等方面的研究。美国着眼于以分布式能源和智能电网为核心的综合能源供应系统，并于 2001 年提出综合能源系统发展计划，且于 2007 年颁布《美国能源独立和安全法》，要求社会主要供用能环节必须开展综合能源规划。日本也非常注重用户侧综合能源系统研究与示范。

国内企业也纷纷掀起了向综合能源服务转型的热潮。但是，由于我国的综合能源服务市场尚处于起步阶段，真正意义上的综合能源服务产业尚未形成规模。而且我国分布式能源刚刚兴起，存在着技术、经济、体制机制等各方面的问题。由于能源技术创新能力不足，一些技术仅停留在概念上，转化应用尚待时日。还有能源价格机制的建立，售电、配电资格的放开程度等，都是建立综合能源服务市场将要面对的难题。

2.1.1　国外典型国家（地区）综合能源服务

拓展阅读 2.1
发达国家综合能源服务发展对我国的启示

21 世纪以来，随着新能源和信息技术的发展、能源体制的变革，欧洲、美国、日本等国家和地区陆续提出综合智慧能源发展的概念以及行动计划。德国于 2008 年在智能电网的基础上选择了 6 个试点地区进行为期 4 年的电子能源（E-Energy）技术创新促进计划，成为欧洲实践综合智慧能源最早的国家。美国以未来可再生电力能源传输与管理系统（future renewable electric energy delivery and management systems，FREEDM）技术为代表，较早提出综合智慧能源，其内涵最初与智能电网的部分内容相辅相成。

1. 欧洲

欧洲最早提出综合能源系统概念并付诸实践，早在欧盟第五框架中就开始提及，如分布式发电、运输和能源（Distributed Generation Transport and Energy，DGTREN）项目、ENERGIE 项目及微网（Microgrid）项目对综合能源系统研究侧重于能源协调、协同优化及用户侧友好开发。

根据英国公用事业公司（Utilities UK）集团的市场调研，随着能源系统间的耦合和互动急剧增强，欧洲已经涌现出上千家能源服务公司，英国和德国尤为典型，详见第 6 章。

英国作为一个岛国，它的企业注重能源系统间能量流的集成。英国和欧洲大陆的电力和燃气网络仅通过相对较小容量的高压直流线路和燃气管道相连。英国政府和企业长期以来一直致力于建立一个安全且可持续发展的能源系统。除了国家层面的集成电力燃气系统，社区层面的分布式综合能源系统的研究和应用在英国也得到了大力支持。例如，英国能源与气候变化部和英国创新代理机构 Innovate UK（以前称为 TSB）之间积极建立合作往来，资助了大量区域综合能源系统的研究和应用。

2015 年 4 月，英国在伯明翰成立"能源系统弹射器"（Energy Systems Catapult），每年投入 3 千万英镑，用于支持英国企业重点研究和开发综合能源系统。

与英国相比，德国的企业更侧重能源系统和通信信息系统间的集成，其中信息化能源（E-Energy）技术创新促进计划是一个标志性项目，并在 2008 年选择了 6 个试点地区，进行了为期 4 年的计划，总投资约 1.4 亿欧元，包括智能发电、智能电网、智能消费和智能储能 4 个方面。该项目旨在推动其他企业和地区积极参与建立以新型信息与通信技术、通信设备和系统为基础的高效能源系统，进而以最先进的调控手段来应对日益增多的分布式电源与各种复杂的用户终端负荷。通过智能区域用能管理系统、智能家居、储能设备、售电网络平台等多种形式开展试点，E-Energy 的最大负荷和用电量均减少了 10%～20%。此外，在 E-Energy 技术创新促进计划实施以后，德国政府还推进了 IRENE、Peer Energy Cloud、ZESMIT 和 Future Energy Grid 等项目。

与此同时，欧洲国家更加关注绿色环保和低碳减排，其能源政策及技术创新方向主要着力于推动可再生能源发展和能效提升的综合智慧能源研究，将智能电网作为承载高比例可再生能源的重要平台。欧洲在风力发电和太阳能发电的规模和渗透程度上均全球领先，在促进多种能源融合与综合利用方面也有诸多实例。

此外，欧盟分布式能源实验室为解决德国二氧化碳排放量增加等能源问题，开发了社区能源管理系统。该系统主要以智能社区为理论背景，综合利用了现代信息通信、自动控制和量测技术等，为用户提供优质用电服务的同时，满足分布式电源和电动汽车等新能源技术的使用。

2. 美国

美国的传统能源服务产生于 20 世纪 70 年代中期，主要是针对已建项目进行节能改造、节能设备推广等，合同能源管理是其主要的商业模式。基于分布式能源的能源服务，产生于 20 世纪 70 年代末期的美国，主要针对新建项目，推广热电联供、光伏、热泵、生物质等可再生能源，其融资额度更大，商业模式更加灵活。现如今，互联网、大数据、云计算等技术出现，融合清洁能源与可再生能源的区域微网技术的新型综合能源服务模式开始诞生。

技术产业发展方面着重于新兴领域的技术和市场培育。近几年，美国开展了大量小型分布式风力和光伏发电项目接入、需求响应、智能用电、能源管理等试点示范，注重采用先进的计量、控制等技术使用户参与电力需求响应项目和能源管理。各种互联网企业纷纷进入传统电力行业，促进了新型能源消费商业模式的形成，推动了综合智慧能源应用场景的不断深入。

注重综合性工程示范,通过政府资金投入,吸引社会机构广泛参与。美国政府为研究机构、各大高校、电力公司等智能电网项目提供了超过 40 亿美元的资助,项目最高资助比例高达 50%,有效推进了电网态势感知、需求侧响应、高级计量、基础设施升级、储能、可再生能源、电动汽车、分布式电源并网、微电网等领域的试点工程建设。

随着欧美国家电力市场的不断放开和能源价格的不断攀升,互联网技术尤其是移动互联网技术的不断发展,"能源互联网"在不少国家形成了一个新的创业生态圈——能源圈的互联网应用(Energy's Web/App),例如,美国的"Opower",新西兰的"Power shop"和德国的"Green Packet"等,都是在开放的售电端市场和节能增效的大背景下出现的新型互联网创业公司。

3. 日本

日本能源自给不足,严重依赖进口输入,因此日本成为最早开展综合能源系统研究的亚洲国家。2009 年 9 月,日本政府公布了其 2020 年、2030 年和 2050 年温室气体的减排目标,并认为构建覆盖全国的综合能源系统,实现能源结构优化和能效提升,同时促进可再生能源规模化开发,是实现这一目标的必由之路。

日本将能效提升作为发展智能电网的首要目标,并将太阳能发电作为可再生能源利用的主要方向。大力发展分布式光伏和智能社区,着力构建能够抵御灾害的坚强电网是日本能源提升方面的主要着力点。一是大力发展光伏等分布式可再生能源,充分利用太阳能发电降低用电成本;二是建立能够满足新能源接入的分布式电网控制系统,维持区域供电平衡;三是提高电网抵御灾害的能力,通过利用信息技术和储能技术,提高保障区域供电需求的能力;四是实现家庭、楼宇的用电信息智能化管理,以实现提高能源利用率、节约电能的目标;五是通过建设"智能社区",发展新的产业模式,如能源咨询服务、能源管理服务、个人能源消耗实时信息查询服务等;六是政府主导,企业和民众广泛参与,开展不同功能目标的工程示范。

日本的柏之叶新城目前已实现了区域能源管理一体化,通过运用区域能源管理系统,促使整个区域的能源信息被集中起来进行统一处理,把简单的节约能源发展成为能源循环与能源储备。区域能源管理系统作为柏之叶能源系统的核心,还与楼宇能源管理系统和家庭能源管理系统进行信息交换。从服务和满足家庭、社区需求出发,通过使用各种现代技术减少家庭、社会的能源消费开支,提高能源资源的利用效率,重点通过可再生能源的开发和利用,推动能源资源需求的智能化、可视化管理。

综上所述,国外多数国家开展的综合智慧能源建设以"网"为基础,以"电"

为主推，将电网作为可再生能源接入的载体，实现能源与信息深度融合，建立具有自我调控能力的智能化电网，提供能源管理服务。

2.1.2　国内综合能源服务

我国经济正进入高质量发展阶段。伴随着能源消费革命、供给革命、技术革命和体制革命深入推进，互联网理念加速向能源领域渗透。能源系统迭代升级，客户侧用能品种不断多元化、方式日益个性化、降本提效需求更加精细化，共同催生了综合能源服务新业态。

党的二十大报告中指出，积极稳妥推进碳达峰碳中和，立足我国能源、资源禀赋，坚持先立后破，有计划、分步骤地实施碳达峰行动：既要立足当下，把握好节奏，循序渐进，避免层层加码和"运动式"减碳，一步一个脚印解决好具体问题；又要放眼长远，充分考虑不同行业和地区的差异，稳中求进，谋划好碳达峰这篇"大文章"。

以前，一说到我国的能源资源禀赋，都会联想到"富煤""缺油""少气"三个特点，这个认识没有错，但仅能表明，对能源的认识还停留于化石能源的认知上。随着非化石能源（包括可再生＋核电）稳定快速的增长，据国家统计局核算，到2020年非化石能源在我国一次能源结构占比已经到达 16%。

同时，由于经济社会可持续发展的需求，以及我国自然资源禀赋、科学技术能力的提升（如储能技术，"新基建"七大领域中有五大领域与储能密切相关）、可再生能源成本（如发电成本、原材料运输成本）逐步下降等强力支撑，非化石能源由之前的"微不足道"必将转换为"举足轻重"，由之前能源候补的角色逐步跃升为能源结构的主流（如电、热、氢等）。

2022 年 12 月 19—23 日，第 17 届 21 世纪亚洲金融年会以会议周的形式亮相线上，国家气候中心主任巢清尘在会上谈及清洁能源问题时称，根据其团队评估，目前中国已经开发的风能、太阳能均不到技术可开发量的十分之一。值得强调的是，这些非化石能源资源的利用，是我国可以自行掌控的，它不受国际地缘政治的影响，进而有利于我国能源体系结构的安全性和独立性。重新认识我国的能源资源禀赋，是正确认识我国国情要素的体现，对于确保国家长远的能源安全、引导能源转型具有方向性、战略性的意义。对我国的能源资源禀赋进行深入挖掘和运用，可逐步形成我国以非化石能源为主的低碳能源体系。

实现能源格局的转型，首先需转变观念，转变习惯。认真论证和规划全国和中东部地区的电力系统和能源战略问题，形成源、网、荷、储、用、管、服为一体的深度融合的综合能源系统。

供能、用能有机结合，综合能源服务应运而生。一方面，可规避、减少能源在转换、输送、传导以及终端使用等全过程的损失；另一方面，用能侧多种能源优化组合梯级的综合利用，可使智慧测量调度"以需定供""以供保需"。通过生产端、消费端的共同努力，综合能源服务可推进能源管理数字化、智能化。

1. 我国综合能源服务相关政策

近年来，我国综合智慧能源建设在国务院、国家能源局与工业和信息化部三部委的助推下发展迅速。"十三五"期间，我国相继推出了相关文件和关键举措，落实综合能源发展建设，在综合智慧能源示范项目领域取得了显著的探索成果。

2016 年 2 月 24 日，国家发展改革委、国家能源局、工业和信息化部联合出台《关于推进"互联网＋"智慧能源发展的指导意见》；同年 6 月份，国务院常务会议审议通过国家能源局发布的《关于实施"互联网＋"智慧能源行动的工作情况汇报》。

2016 年 7 月 4 日，国家发展改革委、国家能源局出台《关于推进多能互补集成优化示范工程建设的实施意见》，强调了创新管理体制和商业模式；7 月 26 日，国家能源局发布《关于实施"互联网＋"智慧能源示范项目的通知》，鼓励在工业园区或者开发区等，推动绿色能源的灵活自主微平衡交易，开展化石能源互联网交易平台试点，开展分布式电源直供负荷试点，在试点区域内探索网费标准和辅助服务费标准、交易监管等政策创新。

2017 年 1 月 25 日，国家发展改革委、国家能源局发布《关于公布首批多能互补集成优化示范工程的通知》，首批多能互补集成优化示范工程共安排 23 个项目，其中，终端一体化集成供能系统 17 个、风光水火储多能互补系统 6 个。

2017 年 2 月 7 日，国家能源局发布《微电网管理办法》（征求意见稿）。意见稿提出，通过城镇电网建设改造、智能电网等现有专项建设基金专项，加大微电网建设的资金支持力度。鼓励地方政府和社会资本合作，以特许经营等方式开展微电网项目的建设和运营。

2017 年 3 月 31 日，国家能源局发布了《关于开展分布式发电市场化交易试点的通知》的征求意见稿，进一步明确指出分布式电源主体可就近与用户进行电力交易。国外综合能源服务模式已相对成熟，其主要的综合能源服务商也由专业大型电力企业和跨界信息企业转型而来。

2019 年，国家电网有限公司正式印发《推进综合能源服务业务发展 2019—2020 年行动计划》，根据该行动计划，国家电网将紧紧抓住新一轮能源技术革命、信息通信技术革命和产业融合发展的新机遇，践行公司"三型两网、世界一流"战略目标，坚持以电为中心、多能互济，以推进能源互联网、智慧用能为发展方向，构建开放、合作、共赢的能源服务平台，将企业建设成为综合能源服务领域主要践行者、深度参与者、重要推动者和示范引领者。同年，国家能源局开展"互联网＋"智慧能源（能源互联网）示范项目验收工作。

2020 年 9 月，国家发展改革委等四部门共同发布《关于扩大战略性新兴产业投资培育壮大新增长点增长极的指导意见》，提出"大力开展综合能源服务，推动源网荷储协同互动，有条件的地区开展秸秆能源化利用"。这是首次在国家政策文件中明确提出"大力发展综合能源服务"。紧接着在 2020 年 10 月，国家能源局在答复人大代表有关能源和可再生能源的建议时明确表示，"将综合能源服务纳入国家能源规划，加强规划指导和引导，完善相关政策举措，推动综合能源服务积极有序发展"，充分肯定了综合能源服务在我国能源政策中的重要战略地位。

分时电价机制逐步完善，助力综合能源服务打开价值兑现通道。为了保障新型电力系统建设的深入推进，国家发展改革委于 2021 年 7 月出台了《关于进一步完善分时电价机制的通知》。作为重要的用户侧电价机制，不但有利于促进新能源发展，也为综合能源服务等新业态搭建了新的应用平台。综合能源服务本身主要聚焦于用户侧消费，在"双碳"目标下，通过用户侧电价机制调节供需关系，可有效筛选和激励用户，为新能源发展提供广阔空间。

综合能源服务主流商业模式和业务模式逐步清晰确立。2021 年 9 月，国家发展改革委印发《完善能源消费强度和总量双控制度方案》，提出"积极推广综合能源服务、合同能源管理模式，持续释放节能市场潜力和活力"。《中共中央国务院关于完整准确全面贯彻新发展理念做好碳达峰碳中和工作的意见》提出"要发展市场化节能方式，推行合同能源管理，推广节能综合服务"。国务院《关于加快建立健全绿色低碳循环发展经济体系的指导意见》明确"鼓励公共机构推行能源托管服务"。国务院《2030 年前碳达峰行动方案》提出"积极推行合同能源管理，推广节能咨询、诊断、设计、融资、改造、托管等'一站式'综合服务模式"。国务院《"十四五"节能减排综合工作方案》鼓励公共机构"采用能源费用托管等合同能源管理模式"。这充分说明国家在推动综合能源服务中，从节能为主的合同能源管理模式逐步过渡到多能供应的能源托管模式，并有意将公共机构能源托管作为重要突破口。

随着综合能源服务业务的逐步开展，综合能源服务在国家重要政策文件中被提及的频次越来越密集，且内容和重要性层层递进，并被纳入国家和地方能源规划，这也坚定了我国发展综合能源服务的决心。

综合能源服务正式被纳入"十四五"规划。2022 年出台的各项政策明晰了综合能源服务的内涵，鼓励更多市场主体进入综合能源服务市场，创新综合能源服务项目建设管理机制。在《"十四五"现代能源体系规划》《"十四五"可再生能源发展规划》等文件中部署综合能源服务有关任务，提出了综合能源服务的具体举措：大力发展综合能源服务。依托智能配电网、城镇燃气网、热力管网等能源网络，综合可再生能源、储能、柔性网络等先进能源技术和互联通信技术，推动分布式可再生能源高效灵活接入与生产消费一体化，建设冷热水电气一体供应的区域综合能源系统，并明确提出培育壮大综合能源服务商等新兴市场主体。当前政策更加清晰的明确了综合能源服务商的业务开拓重点。自此，综合能源服务发展步入新的发展阶段，具有里程碑式的意义。

公共机构成为当前综合能源服务落地的重要应用场景之一。国家在政策层面不断重申推动公共机构能源托管。2021年，党中央、国务院印发了碳达峰、碳中和"1+N"系列、"十四五"节能减排等顶层设计文件，多处明确提到了推行合同能源管理、鼓励公共机构能源托管等内容。国管局、国家发展改革委《"十四五"公共机构节约能源资源工作规划》的出台，为综合能源服务的开展进一步明确了业务开拓重点方向。国家发展改革委、国家能源局在2022年5月发布的《关于促进新时代新能源高质量发展的实施方案》中提出，"到2025年，公共机构新建建筑屋顶光伏覆盖率力争达到50%；鼓励公共机构既有建筑等安装光伏或太阳能热利用设施"，这意味着公共机构的屋顶光伏业务成为重点业务方向，将率先受益。

当前，国家能源局正在研究制定大力发展综合能源服务等相关政策文件。政策将围绕能源利用效率效益优化提升，通过能源技术与新一代信息技术的融合创新，推动实现多种能源协同互济与智慧管理、能源供需双向互动，为用户提供更加经济、可靠、环保、低碳的能源服务。细化政策的出台将进一步明确业务方向和重点，为综合能源服务发展提供新的市场机遇和更加广阔的市场空间。

2. 我国综合能源服务发展现状

随着我国能源消费供给、能源结构转型、能源系统形态呈现新的发展趋势以及互联网信息技术、可再生能源技术和电力改革进程逐渐加快，开展综合能源服务已然成为提升能源效率、降低用能成本的重要发展方向，同时也成为各大企业新的战略竞争和合作焦点。综合能源服务新业态的发展正在对传统能源市场和商业模式产生强烈冲击。为适应能源发展新形势，抓住新的商业机遇，抢占新一轮产业发展制高点，各传统能源企业纷纷加快向综合能源服务转型的步伐。新能源企业纷纷延长各自的产业链、快速拓展其业务范围，各种社会资本和新技术也大量涌入该领域，试图为未来的能源竞争和企业可持续发展提前布局。

开展能源服务的企业类型包括售电公司、服务公司和技术公司等。国内典型的综合能源服务供应商有南方电网综合能源有限公司、广东电网综合能源投资有限公司、华电福新能源股份有限公司、新奥泛能网、协鑫分布式微能源网、远景能源、阿里云新能源等，其中广东电网综合能源投资有限公司、华电福新能源股份有限公司、华润电力、科陆电子等都在向综合能源服务转型。此外，2016 年 11 月，国内第一个发、配、售电一体化项目获批，即深圳国际低碳城分布式能源项目参与配售电业务，也在逐步向综合能源服务转型。2017 年，国家能源局正式公布首批 23 个多能互补集成优化示范工程、首批 55 个"互联网 +"智慧能源互联网示范项目。

国家电网公司将加快建设具有中国特色国际领先的能源互联网企业，助力实现"碳达峰、碳中和"目标，为能源清洁低碳转型、实现绿色发展贡献力量。"十四五"期间，中国国家电网公司拟投入 700 亿美元，推动电网向能源互联网升级，促进能源清洁低碳转型，助力实现"碳达峰、碳中和"目标。

 ## 2.2　综合能源系统

理论上讲，综合能源系统并非一个全新的概念，因为在能源领域中，综合能源系统的概念最早源于热电协同优化领域的研究。

综合能源系统，是指在规划、建设和运行等过程中，对各种能源的产生、传输与分配（供能网络）、转换、存储、消费、交易等环节实施有机协调与优化，进而形成的能源产供销一体化系统。

拓展阅读 2.2
综合能源系统
国内外发展
现状

2.2.1　构建综合能源系统的意义

（1）有助于可再生能源规模化开发，有助于传统一次能源利用效率提升，有助于实现社会能源可持续发展。

（2）有利于提高社会供能系统基础设施的利用率，有利于提高社会资金利用率，有利于节约型社会的构建。

（3）有助于培养国家自主创新能力，有利于提升能源领域的国际影响力和竞争力。

2.2.2　综合能源系统的特点

（1）在系统规划、运行中可实现不同能源系统的优势互补。例如，目前大规模的电力储能技术还不成熟且价格昂贵，但热储能和燃气存储技术成熟，性价比高，通过综合能源系统能够更大限度地挖掘系统间的互补优势。

（2）有助于可再生分布式能源的大规模接入和高效利用。例如，当可再生能源发电接入电力系统遭遇系统运行约束问题时，相对于弃风、弃光策略等无奈之举，不妨将多余电能转化为氢气，然后注入天然气管网（天然气管网在欧洲覆盖广泛），从而最大限度地利用可再生资源。

（3）为高效、灵活的能量交易提供物理支持。综合能源系统可以提供一个健壮、灵活、集成的互联物理系统，从而使得更为高效、灵活的能量交易成为可能（例如，端对端交易），从而充分挖掘分布式能源（发电、储能和灵活负荷）的灵活性和价值。

（4）增强系统的安全可靠性和应对突发情况的能力，进而实现较低成本的能源独立供给。综合能源系统可以提供能源孤岛运行能力，当无外部能源供应或外部供应中断时，仍可保持能源正常供给。这种针对能源孤岛的助力，有利于为边远地区供能，以及缓解大城市的能源供给危机具有极为重要的意义。

（5）提高能源效率、降低能源费用。多能源系统间的协调控制，可以极大提高系统的灵活性，使系统元件处于技术和经济的优化运行状态下，实现系统的能源效率提高以及费用的减少。

（6）强耦合的多能源系统可能增加系统级联事故的风险。例如，电力系统的故障可能导致供气和供暖的中断，因此需研究制定有效的应对措施。

2.3 综合能源服务的定义

综合能源服务有两层含义：一是综合能源，包括电力、燃气和冷热能等多种能源；二是综合服务，包括工程服务、投资服务和运营服务。综合能源服务包含三个要素：资金、资源和技术。目前，在国内外尚无综合能源服务的统一定义。国外使用较多的相关概念包括多载波能源系统（multi-carrier energy systems），多矢量能源系统（multivector energy systems）、能源集成系统（integrated energy systems）和综合能源系统（energy systems integration）。

综合能源服务是一种新型的为满足终端客户多元能源生产与消费的能源服务方式，涵盖能源规划设计、工程投资设计、多能源运营服务以及投融资服务等多个方面。

"综合能源服务"是能源行业近年来的"热词"，被视为能源企业重要的业务发展方向。产业界、学术界对综合能源服务的概念有多种定义。总体来看，综合能源服务是面向能源系统终端，以满足客户需求为导向，通过能源品种组合或系统集成、能源技术或商业模式创新等方式，使客户收益或满足感得到提升的行为。简言之，就是提供面向终端的能源集成或创新解决方案。

2.4　综合能源服务的意义

2.4.1　有利于推进能源市场的社会化变革

我们都知道，所谓"新电改"就是将电力行业的发展模式进行创新升级，将开放的市场体系引入能源服务市场，从而实现能源市场竞争的有序化，激发出各个利益主体的积极性，有效发挥电力能源对国民经济发展的重要作用。一般来讲，综合能源服务市场就是将电力企业的服务形式多样化，不断拓宽其服务渠道。以电力营销为例，"新电改"之前，电力营销均是由电网企业遵循"发电企业—电网企业—电力用户"的营销模式进行全程把关，这种电力营销模式虽然有其优越性，但是鉴于其销售模式的单向性，不利于建立起全方位的互动体系，不利于电力营销的长效发挥。"新电改"之后，电力能源输配与营销环节相分离，由政府核定输配环节的电价，利用政府对电力能源价格的垄断优势进行规制。在电力营销阶段，电网企业向综合能源服务企业转型，从而为电网企业提供了新的发展机遇，可以更为广泛地参与到国家开放的竞争业务中，对其自身的经济效益和社会效益都具有积极作用。

2.4.2　有利于推进能源行业的可持续发展

世界范围内，环境问题已经成为制约经济发展的重要因素。为了提升经济的可持续发展水平，我们需要将可持续发展理念引入能源行业中，从而能够为电网企业综合能源服务市场提供动力。实践证明，要想实现经济现代化，就必须依靠低碳发展，这也表明综合能源服务市场的必要性。在"新电改"的背景下，推进综合能源服务市场的发展就是推进能源行业的可持续发展，这也是践行绿色经济的关键方面。总之，基于综合能源服务的市场发展体系，必然需要经济发展和环境保护双措并举，最终实现绿色发展和循环发展。

2.4.3 有利于加强能源互联网技术的应用

随着互联网技术的广泛应用，能源市场也逐步向互通互联的方向发展，开始由单向发展模式向多元化方向转化，并且逐渐将多种技术模式应用到实际工作中，比如集约化、标准化等。同时，基于科学技术的不断进步，各种与能源相关的技术不断深入，如储能技术、清洁能源发电技术、新能源应用技术等，这些都是具有代表意义的发展技术。"新电改"就是要赋予能源行业变革的动力，通过相关的技术要领，有效推进能源互联网的发展和应用，最终突破既有的电力能源消费模式、生产模式和营销模式，进而有效推进综合能源服务市场化。

2.4.4 具有重要的战略意义和经济价值

拓展阅读 2.3
我国综合能源
服务应用案例

丰富的业务类型为综合能源服务创造了巨大的市场空间。从市场潜力角度来看，我国综合能源服务近期是千亿级市场，远期是万亿级市场。利用自主模型进行测算，我国综合能源服务市场潜力在 2025 年约为 0.8 万亿～1.2 万亿元，处于快速成长期；2035 年综合能源服务市场潜力约为 1.3 万亿～1.8 万亿元，开始步入成熟期。

我国经济正处于高质量发展的关键时期，国际环境和国内条件尚处于复杂多变阶段，发展综合能源服务业务具有重要的战略意义和经济价值且需要实现四个"转型升级"。一是使"能源即服务"（energy as a service，EAAS）成为新型能源消费理念，加快能源消费向"商品化"和"服务化"转型升级；二是增加能源产品耦合性，加快能源消费向"产销用一体化"转型升级；三是推动信息通信技术在能源系统广泛应用，加快能源消费向"智能化"转型升级；四是加快推进能源领域体制机制改革，加快能源消费向"市场化"转型升级。综上所述，推进综合能源服务是贯彻落实能源安全新战略的重要着力点，也是能源产业新时代的战略选择。

▶▶ **本章测试题（扫码答题）**

即测即练

第 3 章

综合能源服务技术框架

综合能源服务产业涉及内容十分广泛，涵盖专业技术领域众多，从前期能源系统的设计与规划，到能源传输与转换过程中的智能调控与存储，再到需求侧的数字化管理与能效优化等，其涉猎的能源领域之广，探究程度之深，均对社会经济、人口就业、环境保护有重要作用。

供给侧能源设备与技术的选择，是综合能源服务发展的根基命脉。随着中国能源革命的纵深推进，能源生产方式和能源消费理念发生着深刻变化，能源生产方式由供给侧向终端用户侧逐步延伸。综合能源服务是以用户需求为导向，通过能源品种组合或系统集成、能源技术或商业模式创新等方式，使用户收益或者满足感得到提升的行为。因此，本章将从综合能源服务的供给侧和需求侧两方面展开介绍，包括能效提升、能源清洁供应、多能供应、新型用能、综合能源智慧管理系统和综合能源交易等。

3.1 综合能源服务技术概述

3.1.1 能效提升技术

推动能源技术革新、效能产能转变是关系国家经济社会发展的全局性、战略性问题。通过提升综合能效，控制能源消费总量是能源革命的基本方针，也是推动能源结构优化升级、引领绿色低碳转型、强化能源安全保障、实现能源高质量发展的重要前提。发展能源产业保障经济持续增长，解决能源开发利用带来的环境污染、生态破坏、气候变化等问题是当务之急。解决这些问题需要从根本上抑制不合理消费，大幅度提高能源系统利用效率，控制能源消费总量尤其是化石能源消费，强化提升综合能效的战略地位，重视能效提升技术变革，充分发挥节能作为"第一能源"的作用。

1. 能效提升的思路与途径

提高综合能效，实现系统性优化。通过加快调整产业结构，大力发展服务业和战略性新兴产业，促进传统产业升级改造，调整好工业化和城镇化的结构占比。要加快产能过剩行业"去产能"步伐，实现节约、集约发展。严格控制高耗能、高排放产品出口。加强重点行业的规划和布局，构建地区间优化产业布局的协调机制，尽早改变地区产业结构趋同、生产能力过剩的局面，使区域经济与产业宏观布局协调发展，避免重复建设造成的能源浪费。同时推动紧凑型城市和城市群发展，鼓励土地混合功能开发，实现复合型工厂、公共交通、绿色建筑等各类基础设施有效衔接、融合发展，全面提升中国城乡的宜居程度和绿色低碳发展水平。

加快能源系统智慧化升级，可实现多维度协调。能源发展中的需求增速放缓、结构优化加快等是未来一段时间内的发展趋势。能源供需总体宽松与时段性地域性紧张并存、可再生能源消纳困难等问题也将在不同程度上存在，能源系统整体效率和效益水平不高的局面亟须改变。在能源革命形势下，要转变规模扩张发展思路，推动能源行业由生产能源产品到提供高效能源服务转变，依托人工智能、互联网大数据和 5G 等先进的数据挖掘计算和信息通信技术，构建综合能源系统，强化能源供需侧的衔接互动，大幅提升能源生产和消费体系的系统效率。

推动新型基础设施建设，实现"一体化"集成。通过加快先进成熟技术的普及推广，对交通、建筑、工厂、园区、城市等进行"一体化"设计，从源头实现资源能源的集约、高效和优化利用。推动互联网、物联网、智能化技术加快发展，与各类能源基础设施融合发展，加快"一体化"升级。支持以分布式能源模式支撑"新基建"的发展模式，如分布式光伏与 5G、储能等结合起来的"光伏 +5G 通信基站"模式，基于"微网 + 充电桩"的智能微网储充一体系统等。坚持电气化、清洁化发展方向，在保障供应和价格可承受的前提下，继续实施煤改电、煤改气、余热暖民等清洁能源替代工程，加大对充电桩、加氢站、配电网、城镇燃气管网、热力管网等基础设施的投资力度。

根据国网能源研究院电力供需实验室相关模型，统筹考虑技术进步和产业结构优化等因素，国网能源研究院认为，建筑和交通领域的能效提升潜力较大[2]。建筑能效提升潜力较大的原因有以下五点：一是节能标准加快实施，城镇新建建筑中绿色建筑标准强制执行力度加大，同时大力发展装配式建筑、零耗能建筑；二是既有建筑绿色改造加快，扩大节能建筑的覆盖范围；三是办公建筑和大型公共建筑能耗监测体系不断完善，既有建筑绿色改造机制不断健全，推动节能运行管理；四是可再生能源应用推广，提升了建筑一体化应用程度；五是通过运用现代通信与生物技术，实现对建筑物的科学调控。交通领域能效提升潜力较大的原因有以下三点：一是节能环保交通运输装备、清洁能源车辆加速推广，不断渗透；二是国家正在发展集约高效运输组织方式，推进港口生产组织向"集约高效、节能低碳"的模式转变；三是国家正在推进科技引领与智慧交通建设，通过信息技术提高运输组织和行业监管的智能化水平。

2. 区域能源的定义及效能

区域能源系统，是指满足特定区域内多个用户的冷、热、电、气等终端能源需求，在充分考虑区域内现有资源（能源资源和设备资源）的基础上，对各种设备、技术、系统进行综合、集成、互补应用，并综合考虑区域外能源，因地制宜地完成能源生产、供应、输配、使用和排放的全过程。从地理范畴看来，此处的区域是指介于城市（宏观）和建筑（微观）之间的一个中观概念。在传统能源供需体系中，供给侧占据绝对主导地位，大规模集中能源站的产能通过广域能源输送至终端能源用户，而用户的用能信息无法反馈到供给侧，供需两侧通过单向能源流连接。能源的生产与供给的最终目的是要满足终端能源用户的用能需求，因此供给侧主导的能源供需体系必然会导致能源供需的不平衡，或供大于求，或供不应求，从而影响经济社会的正常运转以及人们的日常生活。区域能源利用体系就是要突破上述的局限，以需求侧为导向，将能源供给端和终端能源用户有效衔接，进行多元化优化整合，形成一个双向互联、多元共生的区域能源网络，以便供需两侧进行协同优化。所谓的"多元"除了能源用户的多元外，还主要体现在以下两个方面：在供给侧，区域能源系统既可以是传统的基于化石燃料的冷、热、电机组，也可以是（冷）热电联产系统，或可再生能源系统（太阳能、风能、地热能、生物质能等），以及它们的有效匹配；在需求侧，区域能源系统可以满足用户的冷、热、电、气等多种终端能源需求，从而为各种能源资源的一元化管理提供有利条件。所谓的"共生"，指的是区域能源互利共赢，化石能源和可再生能源的互补利用，进而有效弥补自然能源供能不连续的缺陷。不同类型终端用户的互补用能可以获得负荷平均化效果。和传统城市能源供给方式相比，区域能源系统的功能范围更小，但其功能内涵更加丰富。就节能减排方式而言，传统能源供给体系是侧重于供给侧功能效率提升的效率导向型模式，而区域能源利用体系则是以最小的能耗满足用户所有用能需求的效果导向型模式。

区域能源利用的根本宗旨是系统增效。构建区域能源利用体系的根本目的是在满足区域内用能需求的前提下，提高全区域能源利用整体效率、降低污染排放，同时获得提高能源供给可靠性和用户舒适性、便利性，降低能源费用，提高燃料适应性等附加效应。然而，由于区域内各能源用户可能归属不同利益主体（法人），区域能源系统整体获利并不一定能保证系统内各独立用户的利益，即整个系统的最优决策对个体用户来说未必最优。鉴于此，构建区域能源利用体系有两大重要前提条件：一是通过构建区域能源利用体系，系统的整体效用（节能性、经济性或其他指标）大于区域内给用户独立供能时的总效用；二是对个体用户而言，其融入区域能源利用体系后的效用要大于其独立用能时的效用。可见，综合考虑系统的整体利益与用户的个体利益，确立对各方都有利的决策模式，是构建区域能源利用体系的难点所在。

区域能源利用有别于注重单体设备和用户效率提升的"点状节能"方案，它是将城市或区域作为一个整体进行统筹协调，通过构建区域能源网络达成能源利用的系统化、高效化。"多源、互补、共享、融通"是区域能源利用的本质特征，根据系统能流网络的拓扑结构以及供能范畴的差别，区域能源利用模式呈现多样化的表现形式，如图 3-1 所示。

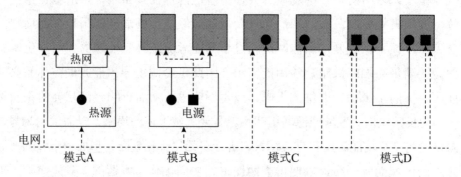

图 3-1　区域能源利用模式

1）集中能源中心方式

集中能源中心方式是一种基于树型（或星型）拓扑结构的能源利用体系，将集中能源设备（电源或热源）所产生的电力、蒸汽、热水、冷水等，通过区域微网（微电网、微热网）供应给区域内各能源用户。根据供给能源种类和范畴的不同，可以分为区域供热（供冷）和区域（冷）热联供两种类型，分别如图 3-1 中的模式 A 和模式 B。集中能源中心方式是区域能源利用最早的模式之一，也是当前区域能源利用的主要延续。该方式最早可追溯到中世纪和文艺复兴时期的欧洲，法国在 14 世纪首次出现了区域供热系统。1877 年，在美国纽约建成了基于区域锅炉房的区域供热系统，这是世界上第一个取得商业成功的区域能源系统。从 20 世纪 60 年代开始，欧美等发达国家开始发展区域供冷，同时推进热电联产。经过 100 多年的发展，基于集中能源中心的区域能源系统在发达国家已得到较为广泛的应用，成为发达国家 / 地区的重要标志之一。

2）区域能源融通方式

与集中能源中心方式相比，区域能源融通方式是一种无中心的能源供给模式。它以区域微网为纽带，将两个或两个以上相邻的个体用户进行互联，用户间实现能量互补与融通。该供能模式的特点是各用户拥有自己独立的供能（电源或热源）设备，每个用户都可以被称为能源"产消者"，既是能源生产者，又是能源消费者，用户借助区域能源网络进行融通，可以互为补充、互为备份。该供能模式体现了能源供给由自助体系向互助体系的转变，用户间的互补与融通是该供能方式的立足点。根据用户间融通能源种类的不同，区域能源融通系统又可分为热融通和热电融通两种类型，分别如图 3-1 中模式 C 和模式 D 所示。以热融通为例，由于用户的热源设备一般都是按照需求峰值（一年中的少数时段）来选定的，所以大部分时间都在额定容量的 50% 以下运行。此外，热源设备的种类多种多样，安装时间千差万别，所以效率差异也很大。通过热融通，可以让高效设备优先运行，缩减低效设备的运行时间。此外，通过实施热融通还可以整合应用地热、太阳能等多种热源，构建多源多汇型区域供热网络。区域能源融通系统的提出为区域能源利用提供了一种新的科学、合理用能的机遇和形式。它强调系统的互补和平衡功能，可以充分利用现有独立供能系统冗余的设备资源，以较低的初期投资实现可观的节能效益。该模式不仅适用于既有设备的更新与改造，对新开发区域能源系统的规划与设计同样具有适用性。在新区域能源系统开发过程中，可以突破传统能源供给的"集中主义"思维，以"互联网"理念为导向，将分布式能源（包括楼宇冷热电联产、分布式光伏等）所产生的电能和热能，通过连接各终端用户的微电网和微热网实现电力和热力的互联互通。这样，各独立用户的设备配置可以更灵活，产能过剩或用能不足也可通过区域微网予以调度和平衡，从而有效降低设备投资与运行费用。

3. 区域能源利用的优越性及存在的问题

利用区域内用能负荷的集约效果，采用高效用能设备，通过适当的设备控制使部分负荷达成高效的运行效果。加之对系统的构成、配置及运行进行集成优化，区域能源系统有望突破传统单体节能方案的瓶颈，使系统能效发挥至最佳。除了优异的节能效果，区域能源系统还兼具保护城市环境、充实城市机能等功能。

然而在促进区域能源利用进一步推广和应用的过程中，还存在以下问题：

（1）区域供热过程中会不可避免地产生热损失，输送热煤也会消耗一定的动力，区域热网的建设费用会导致初期投资成本增加。因此需要在构建区域能源系统时考虑用户间的距离，并且通过计算优化确定最佳功能范围及管网布局。

（2）用户一旦加入区域能源系统后，如果想变更为独立供能方式，需要对供能设备进行较大调整。因此，需要政府加强对综合能源服务公司的监管，促使其和用户签订长期、稳定的能源供应合同。

（3）个体利益与集体利益间的冲突与平衡是区域能源利用体系亟须解决的一个重要问题，用户侧的用能行为可能会对区域能源系统整体的能源利用效率产生负面影响。对此，需要借助经济管理相关的辅助决策，尽量实现个体与整体的平衡。

（4）对于区域能源融通系统而言，由于系统内部分用户将承担一部分"能源中心"功能，通过提高自身的能源供给量，满足其他用户的能源需求，产生费用增益。但对该个体用户而言，如果超额产能所导致的费用增量得不到合理补偿，加入系统的经济诱因就会丧失，那它就会脱离系统，阻碍高效能源融通系统的构建。因此，公平合理的利益分配机制是区域能源融通系统得以存在的重要基础，是其稳定发展的关键所在。

3.1.2　能源清洁供应技术

2020 年 12 月 21 日，中华人民共和国国务院新闻办公室发布了《新时代的中国能源发展》白皮书。该白皮书系统介绍了党的十八大以来中国推进能源革命的历史性成就，全面阐述了新时代新阶段中国能源安全发展战略的主要政策和重大举措。白皮书指出，中国要建设多元清洁的能源供应体系，要加速发展绿氢制取、储运和应用等氢能产业链技术装备，促进氢能燃料电池技术链、氢燃料电池汽车产业链发展。支持能源各环节各场景储能应用，着力推进储能与可再生能源互补发展。支持新能源微电网建设，形成发储用一体化局域清洁功能系统。

在建设多元清洁的能源供应体系方面，加快抽水蓄能电站建设，推动储能与新能源发电、电力系统协调优化运行，开展电化学储能等调峰试点。完善电价、气价政策，引导电力、天然气用户自主参与调峰、错峰，提升需求侧响应能力，健全电力和天然气负荷可中断、可调节管理体系，挖掘需求侧潜力。

3.1.3　多能（互补）供应技术

随着工业生产和社会经济的迅速发展，能源消费量急剧增加的同时出现了一系列的环境问题，如全球变暖、大气污染等。为了减少能源消费对环境的影响，需要进一步减少化石能源的消耗量，增加清洁可再生能源的开发利用效率。然而，可再生能源如太阳能、风能都具有间歇性和波动性等特征,在发电入网时存在接入困难、成本高且难以控制等缺点,并且会对电网电能质量和可靠性产生不利影响。因此,如何提高可再生能源的消纳比例,实现可再生能源的高效利用,保证电力系统安全、低碳、稳定、高效、经济运行,是亟须解决的问题。

因此考虑将分布式能源与传统能源相结合,形成多能源系统,其多能互补系统的能源形式包括天然气、柴油、生物质、太阳能、风能、氢能、水能等。在供能端将不同类型的能源进行有机整合,提高供电可靠性和最大化能源利用效率,减少弃风、弃光、弃水现象;在用能端将电、热、冷、气等不同能源系统进行优化耦合,同时综合考虑经济性以及用户的舒适性,提供安全可靠的能源,促进能源利用最大化。

构建多能源系统,同时发展多能互补技术可以更充分地利用分布式能源和可再生能源,这是能源互联网的物理基础,对于推动我国能源革命,提高可再生能源比例,促进化石能源高效清洁利用,提高能源综合利用效率具有重要意义。

1. 国外多能(互补)供应系统技术路线概述

美国、欧洲和日本等国家和地区在分布式发电基础上积极推动智能电网建设,为各种分布式能源提供接入的动态平台,利用中小水电资源、生物质资源等可再生能源,清洁回收利用各种废弃的资源能源,增加电力和其他能量的供应,并通过用户终端市场的能源梯级利用系统、可再生能源系统和资源综合利用系统,提高能源利用效率,降低污染物排放,优化能源结构。目前,国外多能(互补)主要技术路线如表 3-1 所示。

表 3-1　国外多能(互补)主要技术路线

序号	技 术 方 案	主要应用国家或地区
1	太阳能与生物质联合供热电站	瑞士、丹麦
2	虚拟电厂耦合多能发电及供应	德国
3	太阳能与热泵结合系统	法国、德国、意大利
4	成套住宅用热能系统	美国、欧洲、日本
5	区域冷热电联供	美国、欧洲、日本

2001 年,美国提出综合能源系统(integrated energy system,IES)发展计划,用以增加清洁能源供应与利用比重,促进分布式能源和热电联供技术的推广应用,在此基础上发展微电网及智能电网。加州"自发电激励计划"包括可再生能源发电、余热发电、燃气轮机、燃料电池等,增加了当地电力系统的灵活性和稳定性。该试

点中配置储能的可再生能源发电系统以及固定式储能系统对分布式储能的发展起到推动作用。

2009 年，欧盟《可再生能源指令》开始生效，成为欧盟清洁能源政策的核心和驱动力，各成员国依据指令的要求制定与推行国家可再生能源行动计划。德国从能源全供应链和安全产业链角度，实施对能源系统的优化协调，重点关注可再生能源、能源效率提升、能源储存、多能源有机协调等方面。英国则更侧重于能源系统和通信系统之间的集成，关注大量可再生能源与电网间的协同以及集中式能源系统和分布式能源系统的协同。丹麦为了在 2050 年实现 100% 可再生能源的目标，特别强调电力、天然气、供暖融合技术。日本主要致力于智能社区技术研究与示范，提出社区综合能源系统。在传统供能系统基础上，构建综合能源系统解决方案（包括电力、燃气、热力、可再生能源等），并建设覆盖全社会的氢能供应网络，实现与交通、供水、信息和医疗系统的一体化集成。在能源网络的终端，不同的能源使用设备、能源转换和存储单元共同构成了终端综合能源系统，以此实现能源结构优化和能效提升，促进可再生能源规模化开发。

2. 我国多能（互补）供应系统示范工程技术路线

我国多能（互补）供应系统示范工程按照不同资源条件和用能对象，采取多能源品种互相补充实现良性循环。首批多能（互补）供应系统示范工程技术路线主要包括终端一体化集成供能系统和风—光—水—火—储多能互补系统两类。

终端一体化集成供能系统面向终端用户侧提供电、热、冷、气等多种用能需求，通过天然气多联供、分布式可再生能源和智能微电网等方式，实现多能协同供应和能源综合梯级利用（见图 3-2）。

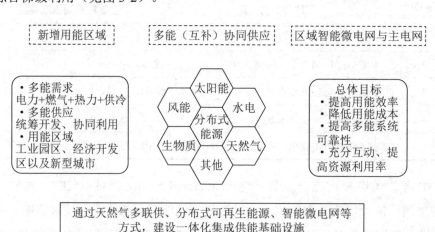

图 3-2 终端一体化集成供能系统技术方案

风—光—水—火—储多能互补系统利用大型综合能源基地的风能、太阳能、水能、煤炭、天然气等资源组合优势，增设大型储能设备，既可发挥水力发电的快速调节能力，补充光伏电站的有功出力，提高光伏电能质量，又可通过优先安排光伏发电辅以水力发电，为系统提供相对稳定可靠的电源，促进可再生能源的外送消纳，减少弃风弃光现象（见图 3-3）。

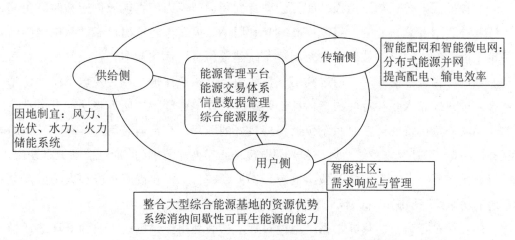

图 3-3　风—光—水—火—储多能互补系统技术方案

3. 多能（互补）供应中各类电源特点及互补形式

多能互补系统中通常包括火电（含燃气轮机）、风电、太阳能发电（光电）、水电、抽水蓄能等多种类型电源。火电作为常规可调度电源，发电出力可调，能够承担一定的调峰幅度，出力升降速度慢，其中燃气轮机机组启停快，可作为电力系统的备用和调峰电源，主要承担电力系统尖峰负荷；风能与太阳能等可再生能源的发电有效容量几乎为零，出力变化频繁、不可控；具有调节能力的水电站，可利用其水库蓄水调节，与风电、光电补偿运行，发挥更大的容量效益；抽水蓄能电站能够承担电网系统快速反应容量和调峰任务，提高电网接纳风电、光电的能力。不同电源之间互补利用方式通常概括为时间互补、热互补和热化学互补，具体如表 3-2 所示。

表 3-2　多种能源互补利用方式

互补方式	具 体 形 式	适 用 场 合
时间互补	风光互补 风光—抽水蓄能 风光—天然气	大型风电、光伏基地、电力打捆外送；终端型供能系统，微小型发电设备，如海岛、边防哨所供电系统等
热互补	光—地热 光—生物质 风光—天然气	新建工业园区、散煤替代工业园区、中小城镇；新疆、甘肃及宁东等地区，可再生能源与煤电打捆外送

互补方式	具体形式	适用场合
热化学互补	光—天然气 光—生物质 风光—制氢	太阳能与生物质能或天然气耦合生产合成气,实现化工动力多联产,我国氢能处于研究阶段

多种能源时间互补是指根据能源波动特性和调节能力,将能源供应从时间角度进行互补利用并重新分配,用以提高风光利用率,提高电能输出可靠性及电网接纳可再生能源能力。该领域研究主要围绕系统建模仿真、优化配置、控制策略、有功功率输出特性等方面开展。通过利用互补系数将分系统评价与联合发电系统评价相结合,构建风光水互补特性的指标评价系统。其发电运行特性研究表明,发电系统的有功功率输出特性可以对系统负荷保持良好的跟踪,在日内时间尺度存在较强的互补性。风光互补发电系统在风速和光照强度的正常变化范围内,通过控制策略设计,可以使风光互补发电系统快速做出响应,切换跟踪目标,实现对风能和太阳能发电系统的功率跟踪控制,保证风光互补发电系统工作在最大功率点上。

热互补是指将不同热能根据"温度对口,梯级利用"原则引入热力循环的适当位置,提高能源转换效率,提升时间互补效果。太阳能化石燃料热互补,联合循环发电系统以高热电转换效率和热互补多样化而受到广泛关注。对塔式太阳能与常规燃煤电厂集成方案的研究表明,互补系统年光电转换效率最高可达 16.97%,且成本比现有单一太阳能热发电系统更低。[3] 此外,热互补的形式也可以是太阳能与生物质或地热能互补以及煤电与风光互补。在地热能和生物质资源丰富的地区,可与太阳能构建冷热电多联供应系统,实现可再生能源的充分互补利用。

多能源热化学互补技术是指选取合适的吸热化学反应,将热能转换为燃料的化学能,提高能源转换效率,实现可再生能源储存和转运,目前该技术处于基础研究阶段。借助中低温太阳能驱动的甲醇重整反应热化学发电平台,开展太阳能热化学吸收/反应器的能量转换与化学反应耦合研究。结果表明,在运行温度为 170℃时,太阳能理论净发电效率为 44.3%,高于单一热化学发电系统和单一聚光光伏发电系统。[4] 风光—制氢混合系统的研究目前处于探索阶段,文献通过对不同运行模式的仿真结果验证了风电/制氢/燃料电池/超级电容混合系统控制策略的有效性。

3.1.4　新型用能技术

综合能源系统聚集了多种产能和用能主体,涉及电、冷、热、气等多种形式能源的生产、存储、转移和消费。由于传统的能源系统产能侧和需求侧缺乏有效的互动,导致无法实时优化调整用能方案，从而影响系统运行效率和经济环境效益。随着互联网技术的快速发展，综合能源系统在大数据、物联网、云计算、人工智能等领域不断取得突破，其规划和运行得到进一步发展。基于"互联网＋"的新型智慧用能体系能够促进用户侧与供能侧之间形成科学合理的互动机制，优化用能方案，可以在更好地满足用户用能需求的同时提高用能效率，降低用能成本。

综合能源系统新型智慧用能体系是以用户用能信息的在线智能采集为依托，综合运用现代信息技术，如能源互联网技术、5G 通信、大数据以及云技术等，对综合能源系统内各单位所消耗的能源实现在线监测、动态分析和集中管理，建立"自主负荷、主动响应"新机制。同时，依托数据量测技术和设备状态感知等手段实现精细化和信息化能源管理，提升管理水平，降低能源成本。智慧用能本质上是通过"源—网—荷—储"协同优化，实现多能互补和供需互动，提升能源体系整体效率。

随着互联网信息化技术的高速发展，国外在新型智慧用能方面已经有大量的研究应用成果。例如，丹麦瑞思国家实验室的 Clever Farm 系统、英国 Garrad Hassan 公司的 SCADA（supervisor control and data acquisition）系统在风电、太阳能等领域均有很大应用。此外，西门子、施耐德等国外知名工业公司推出各自的工业控制基础平台，通过灵活组态实现现场设备运行工况的采集，并且进行针对性的能源管理，尽可能提高用能效率。国内也有较多能源管控产品，致力于解决建筑、工业过程或者企业级场景的能效管理，例如，固德威 SEMS（smart energy management system）建筑集成化能效管控系统、上海宝信冶金行业能源管理系统、浙大中控工业过程管理系统等。但以上都是针对单一类型的能效管理平台化产品，支持多种能源类型的综合能源运营管控系统较少。对综合能源区域内各环节能源供应与使用情况进行实时监控，并且在此基础上开发能源运行、调度、管理、计量计费等多种应用功能，为节能降耗提供科学依据，进行智能化管理和控制，将是综合能源系统领域的发展趋势。

3.1.5　综合能源智慧管理系统技术

综合能源智慧管理系统是一种能源管理服务平台，主要技术支持包括大数据、物联网以及移动互联网技术。综合能源智慧管理充分利用了分层分布式的结构，并且利用云数据进行辅助工作，可以有效地对电、热、冷、气等多种能源的生产进行准确地感知，合理完成能源的分配以及传输工作。通过以上的这些功能，将能源的相关方面充分结合起来，可以极大减少能源的浪费，并且能够合理提高能源的经济效益，实现能源的可持续发展。

综合能源智慧管理系统有三个特点：一是创新能源生产模式。综合能源智慧管理系统的目标是尽可能减少化石能源的消耗，打破以往较为单一的能源控制模式，通过利用互联网技术，尽可能优化能源生产，为将来准确预测能源消耗提供重要保障。二是创新需求侧消费模式。这种模式是将用户的需求放在核心位置，把对用户的服务作为工作的重中之重，达到用户之间有效互补的目的。同时，可以有效利用互联网将能源供应商和用户联系起来，供应商可以及时接收到用户反馈的能源信息，然后对能源分配进行合理调整，这样不仅能够满足用户的需求，而且能够减少能源的浪费。此外，供应商可以通过互联网平台对用户进行相应的用能指导，减少用户不必要的能源浪费。三是实现能源供需的互动。在动态能源价格机制作用下，需要不断提高储能装置、电动汽车等的复合调节水平，提高能源的利用效率。例如，在电力需求较低的情况下储存一定的电能，而在用电高峰时刻进行电力销售，以此来提高电能的经济效益。

综合能源智慧管理系统主要由三部分构成：能源管理平台、通信系统和终端。能源管理平台依靠云计算技术提供技术支撑，利用分层分块的设计模式，设计不同功能的模块，这些不同的模块同时开展不同的工作，这样可以极大提高工作效率和质量。通信系统本着"专网专用、辅以公网"的基本原则，构建覆盖整个能源系统的通信网络，完成信息的传输以及控制工作。终端则参照与管理平台相关的数据和控制的需求来对能源进行相应的调整。

综合能源智慧管理系统的管理模式也有三种，分别是总管模式、协管模式和复合模式。总管模式是通过系统对每一种形式的能源进行统一管控，终端设备搜集到的数据会被直接传输到能源管理平台上，并且能源管理平台也可以通过相关技术对终端进行直接调配；协管模式是利用分层分块模式对能源进行模块分隔，每一个模块都拥有不同的功能，终端将搜集到的数据传输到系统中，然后系统中的各个模块对这些数据进行具体分析；复合模式是将总管模式以及协管模式充分结合在一起，这样可以大大降低外界条件对能源调配的影响，提高能源的利用率，进而达到能源的智能化管理。复合模式需要先进的计算机通信技术以保障两种方式的有机融合。

3.1.6　综合能源交易技术

传统能源交易主要是一种集中优化决策的资源配置方式，具有成本高、易受攻击且用户隐私难以保障等缺点。综合能源服务是一种多能源协同系统，在开放互联、以用户为中心和分布式对等共享等内涵的引导下，其能源交易将趋向于主体多元化、商品多样化、决策分散化、信息透明化和交易及时化，同时也将呈现能量流、信息流和价值流大融合的趋势。在现有的集中式交易模式下，能源交易需要大量的第三方机构来构建和维护交易信用，这将产生额外的高额成本。因此，为了促进综合能源服务系统的进一步发展，需要对现有的能源交易模式进行变革，实现分布式市场模式逐步取代集中式管理模式。在分布式能源交易模式下，能源交易市场参与者之间是对等、分散的，并且多种能源协同自治，无须第三方信用机构。而区块链技术由于其公平、透明以及去中心化的特点，将在分布式能源交易中拥有广阔的应用前景。

1. 传统能源交易的特点

目前我国传统的能源交易模式以交易所交易为主，同时发展场外交易（over-the-counter，OTC）模式。交易所模式下的能源交易一般由交易中心进行规划和管理，负责能源系统的整体平衡，同时需要大量的第三方机构来保障交易的安全可靠，例如，评级、保险、信托、融资租赁公司等，因此会产生高昂的第三方费用。同时，中心机构数据库需要进行实时维护，进而产生人力和物力资源大量消耗。此外，在交易清算过程中，中心机构需要和银行等第三方金融机构之间进行频繁的信息校对，需要较高的时间成本，不利于综合能源系统进行高效的实时交易。从信息安全的角度来说：一方面，掌握市场所有交易信息的中心机构容易受到内外部攻击，造成数据丢失或者被篡改的可能性较高；另一方面，中心机构掌握了全局信息，用户隐私难以保障，且交易信息的不对称可能导致参与者的利益受到损害。

场外交易又称双边交易，是指在交易所以外的地方通过电话和计算机通信网络进行联系，由买卖双方协商议价完成交易。目前国内外有影响力的场外交易市场有美国的纳斯达克（National Association of Securities Dealers Automated Quotations，NASDAQ）、英国的替代投资市场（Alternative Investment Market，AIM）、法国和韩国的店头市场以及上海股权托管交易中心（Shanghai Equity Exchange，SEE）等。一般而言，场外交易市场的交易没有固定的交易场所，尤其是在现代信息网络技术的支持下，交易方利用网络终端即可完成交易，这为用户广泛参与市场提供了机会。而且，现代场外交易市场的交易方式比较灵活，交易基本上是投资者和做市商、做市商和做市商之间的直接交易，而且交易价格中不包括交易佣金。同时，交易没有数量和单位的限制，既可以进行零星交易，也可以进行大额交易。此外场外交易的市场参与者是没有限制的，既可以是机构，也可以是个人，各种不同的参与者形成一种广泛的综合交易关系。

但是，场外交易模式也存在一定的缺陷，其中最主要的就是信用风险和额外成本。在场外交易模式下，考虑到存在大量的中小型交易方，因此引入做市商制，由做市商代理买方和卖方进行交易，为改善市场流动性提供了解决方案。但是由做市商制度产生的问题却不容忽视。首先，做市商由于其独特的市场组织者身份，在提供流动性的时候也需要从其设定的买卖报价差中得到一定的补偿，以弥补交易成本和损失，这给交易带来了额外的市场成本。而且买卖报价差主要源于信息不对称，当信息不对称程度增大时，就可能导致市场失效，交易双方需要承担较大的风险。

综上所述，在传统的集中式交易中，交易所对能源交易进行统一规划、协调和管理，起到了至关重要的作用，但是为构建和维护中心机构的信任所造成的高额运行成本以及安全泄密等问题也阻碍着能源行业的变革，不利于我国经济的进一步发展。而场外交易虽然灵活方便，但是存在较大的信用风险和额外成本。

2.综合能源服务中的新型能源交易模式

综合能源服务的用户数量众多，且用户既是生产者也是消费者，也被称为"产消者"。与此同时，能源交易将逐步呈现主体多元化、商品多样化、决策分散化、信息透明化、时间即时化、管理市场化和约束层次化的特点。综合能源服务内涵下的能源互联网是在传统能源网的基础上，引入互联网理念，具有开放互联、以用户为中心和分布式对等共享等新概念。随着分布式能源的大规模接入和居民用户的广泛参与，将会强力重塑原有的能源市场。

在传统能源系统中，不同能源行业相对封闭，互联程度较低，能源系统也大都孤立规划和运行，会造成能效不高和可再生能源的消纳程度难以提高等问题。但是在综合能源服务系统下，不同能源间的壁垒被打破，风能、太阳能、潮汐能、地热能、生物质能等多种分布式可再生能源接入，利用新型发电技术、储能技术等先进技术，可以实现冷、油、气、交通等多个系统的互联交汇以及多能源的综合利用，形成开放互联的综合能源系统。在这样庞大的系统中，要想进行频繁的能源交易，且实现多方主体自动、可信、准确、平衡和实时的交易，满足供需双方快速、高效、安全的能源交易是其中的重要挑战。因此，迫切需要一种新的模式使供需双方能够直接沟通并且确定交易意向，进行灵活的能源交易，且无须中心机构的参与。

不同于传统能源系统中的大多数用户仅仅为了生产生活而购电，新的能源交易模式下每位用户都拥有同等的机会广泛参与能源市场。在参与过程中，用户不仅扮演能源消费者的角色，而且通过管理各自拥有的分布式发电机组（以光伏发电为主）、分布式能源储备设施和分布式负载等智能设备来充当能源供给者。用户可将剩余的电力出售给其他居民用户或者电力公司，或者通过能源转换装置将电能转换成天然气中的化学能，之后再利用、存储或者出售。

这种点对点的新能源交易模式面临着一些问题，这也是综合能源系统下新型能源交易能否落地的关键。首先，新型能源交易模式需要解决或减轻构建数据中心带来的成本和信用问题，同时实现交易记录、账户身份等机密数据信息的安全存储。

其次，能源交易过程中的数据真伪、来源验证以及身份安全也是需要解决的难点。传统的中心化决策往往无法杜绝中心主体从自身利益出发，滥用决策权限，损害其他主体的利益，而分布式决策又会因为大量综合能源主体之间直接进行点对点交互而造成共识效率低下、死循环无公式、在新模式中难以实现优化决策等后果。最后，在缺乏中心机构监管的情况下，需要解决相关标准的确定问题，如分布式能源发电和储能设备的环保标准和安全要求等。

目前针对新交易模式提出了能源路由器和虚拟电厂等方案，虽解决了部分问题，但也存在一些缺陷。其中，前者以能源路由器为基本节点，连接分布式能源和负荷，在一定的协调控制下构建能源局域网，然后通过大电网与其他能源路由器或能源局域网连接。因此，在大规模分布式电源接入和能源共享的情况下，这种方式需要部署大量的路由器节点以满足海量的数据信息交流和即时交易，成本巨大。同时，由能源路由器的购、售电交易模块来负责交易的执行，可信赖程度较低。后者则提出，通过虚拟电厂广泛聚合分布式能源、需求响应、分布式储能等进行集中管理和统一调度。但由于缺乏公平可信、成本较低的交易平台，导致虚拟电厂之间、虚拟电厂与用户之间的交易成本高昂，且在缺乏透明的信息平台下，分布式电源需要承担额外的信用成本来选择合适的虚拟电厂。与这两者相比，区块链技术具有去中心化的低成本信任、公开透明和信息不可篡改等特点，能为能源交易提供一个无中心定价，交易执行受一定程度的监督，又保证用户信息隐私的自由交易系统。

基于区块链的综合能源交易技术将在下文中介绍。

3.2　高效冷凝锅炉技术

由于能源结构的限制，我国传统锅炉使用的主要燃料为煤炭。天然气锅炉相对于传统燃煤锅炉，具有环保节能的优势。随着天然气开采行业的发展，燃气锅炉的研究与使用对节能减排具有重大意义。

3.2.1　冷凝燃气锅炉特点

冷凝燃气锅炉的关键与特点在于冷凝技术，这是一种新型节能与环保的技术。传统锅炉的排烟温度一般比较高，虽达到 200℃左右，但是因没有充分利用烟气中的潜热，传统锅炉的平均热效率不是很高，造成了大量的能量损失。冷凝燃气锅炉是采用冷凝技术的燃气式锅炉。如果将锅炉排烟温度降低到足够低的水平，那么烟气中呈过热状态的水蒸气就会发生冷凝，通过回收水蒸气的汽化潜热，冷凝燃气锅炉的热效率将得到明显的提高。冷凝燃气锅炉减少了传统锅炉的排烟损失，按低位发热量计算，热效率可以超过 100%。在回收水蒸气的过程中还可以降低有害气体的排放量，减少对环境的污染。

冷凝燃气锅炉之所以有着极高的热效率和节能效果，其主要原因有两点：一是显热回收。冷凝燃气锅炉可以降低锅炉排烟温度，减少燃料燃烧损失，回收烟气中的显热，这样可以有效提升锅炉热效率。同时，冷凝燃气锅炉使用了新型耐腐蚀材料，让锅炉在设计时不会受到烟气露点的影响。二是潜热回收，烟气露点温度是指烟气中的水蒸气在分压之下的饱和温度，如果锅炉排烟温度在烟气露点温度之下，则烟气中的水蒸气就会开始凝结，进而释放汽化潜热。汽化潜热是燃料的高位热值和低位热值差，天然气汽化潜热占了低位热值的 11% 左右。如果烟气全部冷凝，则汽化潜热会被回收，锅炉热效率也会随之提升。

燃气锅炉热效率是影响锅炉运行、燃料消耗的关键因素之一。合理分析、提升锅炉热效率对推动社会节能发展十分重要。我国目前对能源的利用水平仍有较大提升空间，与发达国家相比，锅炉等设备的热效率仍处于落后水平。为此，我国需进一步重视对提升各种燃烧设备热效率的研究及投入，争取最大限度地提高能源利用率，从而降低产品的单位耗能指标，实现节能减排的目标。大力开发研制冷凝燃气锅炉，实现对天然气能源的广泛、高效利用，同时研究优化冷凝燃气锅炉的运行策略，进一步提升运行效率，对社会发展具有重要意义。

3.2.2 冷凝燃气锅炉的热效率计算

锅炉热效率计算方法包括正平衡法和反平衡法。对于正平衡法，冷凝式燃气锅炉与普通燃气锅炉（非冷凝的燃气锅炉）的热效率计算方法相同，其公式如式（3-1）～（3-3）。

$$\eta = \frac{Q_1}{B \times Q_r} \tag{3-1}$$

$$Q_1 = D \times (h_{out} - h_{in}) \times \rho_{水} \tag{3-2}$$

$$Q_r = (Q_{net,v,ar})_q \times B \tag{3-3}$$

其中：η—正平衡效率；Q_1—有效热量（MJ/h）；Q_r—输入热量（MJ/h）；B—燃气消耗量（m³/h）；D—循环水流量（m³）；$(Q_{net,v,ar})_q$—气体燃烧收到基热（kJ/m³）；h_{out}、h_{in}—出、回水焓值（kJ/kg）。

对于燃气锅炉，在合理控制空气过剩系数的前提下，可以忽略机械不完全热损失、灰渣热损失和化学不完全热损失，只考虑通过炉壁的表面热损失和排烟热损失，因此，燃气锅炉的反平衡热效率计算如式（3-4）：

$$\eta = 100 \times \frac{Q_{gr,v,ar}}{Q_{net,v,ar}} - q_2 - q_5 \qquad (3\text{-}4)$$

其中：η—反平衡效率；$Q_{gr,v,ar}$—燃料的高位发热量（kJ/m³）；$Q_{net,v,ar}$—燃料的地位发热量（kJ/m³）；q_5—散热损失，可以根据锅炉容量和有无尾部受热面，利用热工测试标准表查，或根据锅炉外表面积的大小和表面温度进行计算得到；q_2—排烟热损失，需要用试验测试的方法计算得到排烟焓值 h_{py}，则排烟热损失 q_2 的公式如式（3-5）：

$$q_2 = \frac{h_{py}}{Q_{net,v,ar}} \times 100\% \qquad (3\text{-}5)$$

3.2.3　冷凝燃气锅炉的设计要点

1. 换热面积和换热方式

设计冷凝燃气锅炉时，如果把锅炉排放烟气温度下降到 60℃，实现冷凝效果就需要加大换热面积。这不是简单地增加设备体系、扩大传热面积，而是需要提高设备体积输热面积。在这其中可以对原始锅炉结构做好优化，运用肋片管、波纹管等换热面。经常使用的措施是扩大换热器，以此缩小锅炉体积。而对于换热模式而言，逆流换热时水流出口温度才会超出烟气出口温度，这一点是顺流换热没有办法达到的。所以在设计锅炉时要把换热器转变成逆流的模式。此外，还需要加强流体速度，减少锅炉水容量，增快水流速，优化水流动状况，提升紊流脉动性，加强对流换热系数。设计换热器时，需要综合考虑以上相关因素，才能实现较好的冷凝效果。

2. 防腐措施

每立方米天然气燃烧以后基本会生成 1.55kg 的水蒸气。水蒸气液化成水时，会溶解烟气中的氮氧化物等物质，让冷凝水具有一定的酸性，其酸碱值一般为 3～5，因此对锅炉壳有一定的腐蚀作用。所以在设计锅炉换热器时，尽量使用不锈钢等防酸性能较好的材料。而一般的非冷凝燃气锅炉，在设计时把排烟温度都规划到了 150℃ 以上，没有兼顾吸收水蒸气时释放的热能，未能形成冷凝水，因此不会发生上面的问题。

3. 空气预混

新型冷凝燃气锅炉需要使用到空气预混技术。该技术可以提高热效率，同时还可以降低氮氧化物。设备运行过程中，空气与燃料依次输送到燃烧室燃烧，因为有空气过量系数大等问题，导致燃烧效率降低。100% 空气预混技术的运用，把空气与燃料按照一定配比混合，然后使其进入燃烧室，这种方式能够减少空气需求量。在以往的锅炉中，空气过量系数通常为1.5，也就是1m³天然气需要有15m³空气助燃。现在空气过量系数可设定在1.2左右，也就是1m³天然气燃烧要有12m³空气助燃，这样可以降低3m³空气损失。空气过量系数较小时，烟气里水蒸气会增多，水蒸气比重较大，烟气露点也会有所上升，让烟气快速转成冷凝模式、释放潜热。因为烟气中水蒸气的比重估测较难，所以一般测量烟气中二氧化碳的量来反映露点温度的变化。烟气中二氧化碳含量高，空气过量系数会降低，露点温度越高，冷凝就越多。烟气中二氧化碳含量低，空气过量系数提升，露点温度越低，冷凝就越少。

4. 比例调节

一般的锅炉中只存在开启和停运状态、锅炉小火和大火状况，这种简单的状态难以达到预期效果。使用调节技术，可以依据热负荷实际情况，让设备自己控制火焰大小，使其始终保持最好的比例状态。调节技术能够频繁启动、停运，优化锅炉负荷，降低处理，增多设备工作时间，控制启动与停止次数，从而达到节能目标。这种技术是在空气预混技术的基础上，运用无级变速风机，把混合好的燃气与空气送入锅炉中燃烧，保障空气中二氧化碳含量在合理范围内。根据锅炉负荷需要调节风机工作速度，控制锅炉出力。如果不使用空气预混技术，锅炉火焰大小也能够有效控制，但是燃料与空气比例却没有办法维系稳定。通常情况下，空气需求量是依据大火燃烧情况设置的，这样就会使锅炉小火燃烧时空气过量太多，效率下降，无法达到冷凝需求。

3.2.4　冷凝燃气锅炉的实际应用

冷凝燃气锅炉是在非冷凝燃气锅炉的基础上，在烟道中加入了回收水蒸气汽化潜热的热换气，这样可以回收余热，提升锅炉的热效率，同时还可以吸收烟气中的酸性物质，减少环境污染。当前的冷凝燃气锅炉容量较小，主要是民用。而在西气东输的环境影响下，发电方面的大容量冷凝燃气锅炉会得到广泛运用。在实际运用过程中，为了获得更高的锅炉效率，合理降低锅炉出水温度是十分重要的，一般情况下出水温度需保持在60℃～70℃。例如，一台90kW的冷凝燃气锅炉，功率是100%，当锅炉出水温度在70℃时，热效率大概是98%；而在功率30%、出水温度30℃时，热效率可以达到108%。在这个过程中，要保障较低的回水温度，回水温度越低，则效率越高。因此，只强调冷凝燃气锅炉最高值是不正确的，冷凝燃气锅炉实际运用热效率取决于运用条件，这在设计选型时需要认真考虑。冷凝燃气锅炉可以使用在中央空调或者生活热水中，其在泳池地采暖等低温加热系统中热效率可以实现最理想值。

在一些国外地区经常使用壁挂冷凝燃气锅炉与落地式燃气锅炉。壁挂燃气锅炉多用于家庭和小型商业供热系统中，也能够多台联机使用在大的供热系统中。落地式燃气锅炉通常用于一些大型供热系统，也可以多台联机后用于更大的供热系统。

3.3 电转气（P2G）技术

可再生能源的不确定性和不连续性导致其与用户负荷无法实时匹配，余电上网时会对电力系统安全稳定运行和电能质量管控造成一定冲击，产生大量弃风弃光现象。据国家能源局数据显示，2019 年全国弃风电量总计 169 亿 kW·h，弃光电量总计 46 亿 kW·h。电转气（Power to Gas，P2G）技术是一种能将电能转换为天然气或者氢气的新兴技术，利用弃电制氢能够消纳多余电力，降低电网运行风险。目前我国天然气管道规模庞大，运维和管理技术已经十分成熟，在保证安全的情况下，将氢气掺入天然气管道进行长距离运输，能有效降低运输氢气的成本。

3.3.1 电转天然气和电转氢

电转气技术可在负荷低谷或者可再生能源出力高峰期，将富余的电能通过电转气技术转化为天然气或氢气，并将产生的气体存储在天然气管网或天然气存储设备中；在电力短缺时，存储的气体可再次转化为电能或热能提供给用户，从而提高了综合能源系统消纳可再生能源的能力。根据 P2G 技术最终产物（氢气、天然气）的不同，可以将电转气技术分为电转天然气技术和电转氢技术。

电转天然气一般分为两个阶段，如图 3-4 所示。

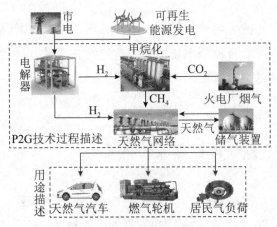

图 3-4 电转气过程及主要用途

（1）通过电解水技术，利用电力系统中多余的电能产生氢气（H_2），其能量转换效率约为 75% ～ 85%。现有的电解制氢方法主要有三种：碱性电解水制氢、固体聚合物电解水制氢和高温固体氧化物电解水制氢。碱性电解水制氢是一种比较成熟的技术，最小负荷限制在 20% ～ 40%，目前已经被大规模应用。相比于碱性电解水制氢，固体聚合物电解水制氢是一种较新的技术，该方法更加灵活，负荷可以在 0 ～ 100% 之间变化。高温固体氧化物电解水制氢则处于实验室研究阶段，尚未进行大面积推广应用。

（2）在催化剂的作用下，电解水生成的氢气和二氧化碳反应生成甲烷和水，这个过程中所需的二氧化碳可以来自环境空气、火电厂烟气，也可以来自厌氧细菌消化产生的生物气体。根据上述两个阶段的化学反应，P2G 技术综合效率大约在 45% ～ 60%，具体数值如表 3-3 所示。

表 3-3　P2G 技术转换效率

路　　径	产生的气体	转 换 效 率	气 体 环 境
电转气	氢气	57% ～ 73%	80 bar
	甲烷	50% ～ 64%	
电转气 / 再进行气转电	氢气	34% ～ 44%	80 bar
	甲烷	30% ～ 38%	

电转氢，即在电解水产生氢气后直接将氢气注入天然气管道或者在氢气存储设备中进行存储。相比于电转天然气的过程，电转氢可以避免甲烷化反应的能量损失，但是该方法也存在以下缺点：一是若将氢气注入天然气管道，会引起管道产生渗透和氢脆等方面的危害，因此很多国家对氢气注入天然气管道的比例进行了限制，如德国就规定天然气管道中氢气的比重不能超过 5%，美国规定不能超过 10%；二是氢气的能量密度是甲烷的四分之一，具有相同能量的氢气体积要比甲烷大得多，不易存储和运输。

根据上述比较，相较于电转氢技术，电转天然气技术在增强电力网络和天然气网络的耦合特性、提高综合能源系统的供能稳定性方面具有更大的优势，电转天然气技术也较电转氢技术具有更广阔的应用前景。因此，下文将主要针对电转天然气的电解水和甲烷化过程进行介绍。

3.3.2　电转天然气的电解水过程

电解水制氢具有清洁高效的特点，而且产品纯度高、工艺简单，产物中氢气和氧气的纯度可以达到 99.9%，它也是现在常用的工业制氢技术之一。

现有的电解水技术主要包含三种：固体聚合物电解水制氢、碱性电解水制氢和高温固体氧化物电解水制氢。其中碱性电解水制氢是工业上最常用的方法，该方法具有易于操作、生产过程简单等特点。电解水制氢消耗的能量主要是电能，电能成本占整个电解水制氢成本的 80% 左右。因此，电解水制氢适合具有丰富可再生能源或电力长期过剩的地区。

碱性电解水制氢设备由单体电解池构成，其中每个电解池都由电解液、阴极、阳极和隔膜组成。当电解池通入直流电后，电解池的阳极处产生氧气，阴极产生氢气。电解液主要是氢氧化钾溶液，隔膜主要是石棉，可以起到分离阳极和阴极产生气体的作用，电极的主要成分是金属合金。在电解水过程中，电解液温度越高，电解池两端的电压就越低。温度过高会加速隔膜材料的腐蚀，例如，在电解液中使用石棉时温度不宜超过 100℃，所以工业电解水制氢时一般会将电解液的温度保持在 70℃～80℃。碱性电解水制氢技术是当前最成熟的工业级制氢方法，该方法易于操作、工艺简单，缺点是电能消耗量较大。

固体聚合物电解水制氢相较于碱性电解水制氢有以下三个优点：一是固体聚合物电解水制氢的隔膜为固体聚合物电解质隔膜，具有较高的质子传导性、较好的化学稳定性、良好的气体分离性等特点，能够提高产物中气体的纯度、提升电解池的安全性，并且能在较大的电流下工作，提高电解水制氢的效率；二是固体聚合物电解质隔膜使得在电解过程中没有产生碱液流失和腐蚀的问题，而且能够减少电解水过程中的电阻损失，提高系统的效率；三是固体聚合物电解水制氢采用隔膜、电解液和电极三合一结构，该结构类似于碱性电解池中所采用的零间距结构，能够降低电解氢过程中的能耗。固体聚合物电解水制氢具有效率高、纯度高和环境友好等特点，具有很大的发展潜力，逐渐受到世界各国的重视。日本进行了世界能源网络计划，在该计划中对固体聚合物电解水制氢技术进行了大量的研究。美国在固体聚合物电解水制氢方面处于领先地位，该技术主要用于潜艇中的供氧装置和空间技术等。

和上述两种技术相比，高温固体氧化物电解水制氢能够降低电能的消耗，提高电解水制氢的效率。另外，由于在高温条件下进行电解水制氢，电极需要采用非贵金属催化剂（如陶瓷），从而可以降低电解水制氢的成本，并且其全陶瓷结构不会出现材料腐蚀的问题。虽然高温条件使得电解水制氢的效率有较大的提高，但是高温条件也会使电解池在材料的选择上存在一些限制，尤其是平板式高温固体氧化物电解池，高温对其双极板的连接材料和无机密封的要求更加严格。高温固体氧化物电解水制氢方法最早在 1982 年由德国科学家多尼特（W. Doenite）提出，首次成功实现了第一代电解质支撑的管式高温固体氧化物电解池制氢。日本原子能研究所和西屋电气公司也开展了管式高温固体氧化物电解池的研究和实验，但是由于清洁高效的高温热源的缺乏、高温下材料性能的限制和当时化石燃料的价格低廉等问题，使得该方法一直未能实现工业化。直到 2004 年美国盐湖城 Ceramics 陶瓷技术公司和爱达荷国家实验室（INL），利用单体固体氧化物电解池组装的平板式高温电解堆，使高温固体氧化物电解池又成为电解水制氢领域的研究热点。

上述三种制氢技术都可以用于可再生能源发电系统，以吸收其过剩电能，但是具有各自的优缺点：一是碱性电解水制氢成本低、技术成熟，能够实现大规模制氢，但是由于可再生能源发电具有波动性和随机性，需要针对不同的可再生能源发电的特点开发不同的碱性电解水制氢系统；二是固体聚合物电解水制氢技术具有良好的变工况运行特性，技术较为成熟，比较适合具有不确定性的可再生能源发电系统，但是其制氢规模较小、成本较高，这就限制了固体聚合物电解水制氢在可再生能源发电系统中的应用；三是高温固体氧化物电解水制氢技术的转化效率最高，可达到 90% 以上，但是要在高温条件下进行电解水，需要额外接入电能来加热高温固体氧化物电解水系统，这将降低整体的制氢效率。此外，和碱性电解水制氢相比，高温固体氧化物电解水制氢的规模较小，这也限制了高温固体氧化物电解水制氢在可再生能源发电系统中的应用。

根据三种电解水制氢的特点，碱性电解水制氢适用于风力发电领域，固体聚合物电解水制氢适用于太阳能光伏发电领域，而高温固体氧化物电解水制氢适用于太阳能光热发电领域。

3.3.3　电转天然气的甲烷化过程

甲烷化是指在一定的压力、温度和催化剂的作用下，二氧化碳（或一氧化碳）与氢气产生化学反应，最终生成甲烷（CH_4）的过程。甲烷化反应是体积缩小和强放热的可逆反应，催化剂是甲烷化反应的必需条件。在不同的工艺条件和催化剂作用下，甲烷化反应可以生成不同的产物，包括甲烷、酚、甲醇等。下面介绍甲烷化的制作工艺以及国内外现状。

1. 戴维工艺技术

戴维工艺技术公司位于英国伦敦，成立于 19 世纪末。该公司的甲烷化工艺技术分为两阶段进行，第一阶段为大量转化，第二阶段为补充转化，每个阶段都含有两个反应器。大量转化阶段的两个反应器以串并联方式进行连接；补充转化阶段的反应器出口气体的一部分为循环气体，这部分气体经过换热器换热，在大约 150℃ 时进行压缩，然后和空气混合进入大量转化阶段的两个反应器，以此控制甲烷化反应的温升，同时有利于带走反应热。

2. 鲁奇公司甲烷化技术

鲁奇公司是甲烷化合成天然气的行业先行者，开展了大量关于通过甲烷化合成天然气的研究。通过两个半工业化的甲烷化实验厂的验证，证明了甲烷化可以生产合格的天然气。当前世界上唯一一家以煤为原料生产液化天然气的工业化设施，就是由鲁奇公司设计和建设的。其气化原料为氢气和二氧化碳（或一氧化碳），日产量的设计值为 3540km³ 天然气，能够合成热值达到 37054kJ/nm³ 的天然气。

该公司的甲烷化装置包含三个固定床反应器，其中前两个为高温反应器，第三个为低温反应器，采用串并联的形式。甲烷化的过程主要在高温反应器中进行，低温反应器将未反应的气体转化为甲烷，使合成天然气中的 CH_4 含量达到要求，低温反应器也被称为补充甲烷反应器。

3. 托普索甲烷化技术

托普索公司位于丹麦哥本哈根的市郊，成立于 1940 年，具有丰富的合成天然气制作和验证经验。甲烷化技术是托普索煤制天然气的核心技术，托普索甲烷化工艺包含 3 ~ 4 个甲烷化反应器。在气体进入反应器之前需通过硫保护装置的处理，去除气体中的二氧化硫等物质。

托普索甲烷化技术主要具有以下特点：一是托普索甲烷化技术采用其专用催化剂（MCR-2X），该催化剂的操作温度较宽，一般为 250℃ ~ 700℃，其有效性和稳定性在工业装置上已经得到有效的证明；二是热回收率高，采用专用催化剂后，托普索甲烷化技术的反应温度会提高，能够增加热回收效率，其中，反应热的 84.4% 以高压蒸汽副产品的形式进行回收，9.1% 以低压蒸汽副产品的形式进行回收，3% 的反应热通过余热锅炉的形式进行回收。专用催化剂在 700℃ 时仍然具有很高的活性，所以甲烷化过程可以在高温下进行，这使得气体循环量减少，能够降低压缩机的功率，节约能量的损耗。

3.4　区域热电联供技术

拓展阅读 3.1
微小型分布式
热电联供技术
研究获进展

热电联供是实现能源高效利用的供热与发电过程一体化的多联产能源系统，可以极大提高能源的利用率。目前，主要的运行模式是"以热定电"和"以电定热"两种。随着全球工业的快速发展和城镇化率的提高，对供电和供热的需求也在大幅提高。目前的经济和社会能源体系主要依赖石油、煤炭、天然气等不可再生资源，燃烧过程中还会产生严重的环境污染问题。随着全球能源需求的不断增加，寻找新的替代能源或调整现有的能源结构用于热电联供迫在眉睫。与单一的常规供电供热系统相比，热电联供系统可以提高能源系统的可靠性、安全性和灵活性，具有更高的能源利用率和更低的成本。图3-5为热电联供集中供暖流程，也是热电联供系统的具体应用。

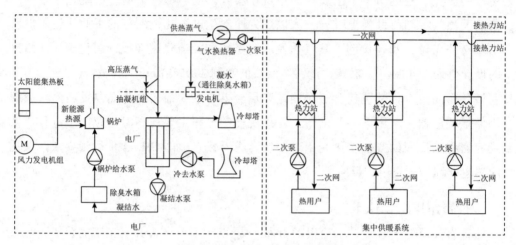

图 3-5　热电联供集中供暖流程

3.4.1　热电联供技术发展现状

根据前瞻产业研究院数据，2016 年全球热电联供总装机达到 755.2GW，其中亚太地区装机占比 46%（主要装机量在中国、印度和日本），欧洲地区装机占比 39%（其中主要是俄罗斯），中东、非洲和其他地区占比为 15%，预计到 2025 年全球热电联产装机能够增加到 972GW（年均增长 2.8%）。目前欧洲是热电联供的传统市场，亚太地区是主要的增长市场，其装机占比接近 50%。2018 年，在全球城市供热市场结构中，热电联产供热占比约 78%，在城市供热市场占据着重要地位。

目前热电联供的发展呈现以下趋势：推广范围普遍化、机组容量大型化、洁净煤技术高新化、节能技术系统化、热量消费计量化和投资经营市场化。

3.4.2　热电联供系统类型

1. 燃煤、燃气、垃圾焚烧热电联供系统

热电联供能源来源虽然具有多样性，但是目前依然以化石燃料为主。燃煤、燃气热电联供相关设备趋于大型化，由于一些小的机组燃烧效率较低、污染严重，已经被大型及特大型抽气冷凝机组逐步取代。垃圾焚烧热电联供系统的主流技术是德

国马丁 SITY2000 型逆推式机械炉排炉和全自动燃烧控制系统，可以使垃圾进行较为彻底的燃烧，并且使其热灼减率控制在 3% 以内，从而提高垃圾的焚烧效率，减轻垃圾焚烧后产生的炉渣对环境的影响。虽然以传统能源为燃料的热电联供技术成本较低、能源效率高且稳定性和安全性更好，在短期内仍然是供电供热市场的主力，但是因为无法达到新能源热电联供技术零排放的程度，仍需要加强在洁净煤技术、无害化处理等方面的技术创新，以提高市场竞争力。

2. 生物质能热电联供系统

生物质能是一种很好的可再生能源替代方案，通过设计高效的生物质能热电联供系统可以取代以化石能源为主的传统热电联供系统，减少二氧化碳的排放，产生更多的电量和热量，提高经济效益。目前，生物质能热电联供技术的主流发展趋势是实现电、气、暖三联供，主要满足区域内各用户的用电、用气和供暖的需求。通过回收农户的废弃农作物秸秆、牲畜粪便等，不仅可以解决当地农户随意焚烧农作物秸秆、堆集牲畜粪便造成的大气污染问题、农村冬季散煤燃烧污染问题，减轻当地冬季的市政供暖压力，还可以带来可观的经济效益，从而实现当地经济低碳环保的可持续发展。除了抓住能源的供给侧结构性改革带来的机遇，未来还应该在提高电、气、暖三联供的综合效率和废气的无害化处理等方面加大研发力度。

目前我国的生物质能热电联供技术及其能源占比与芬兰、瑞典和丹麦等欧洲发达国家相比还有一定的差距，需要国家加大对相关技术的投资力度，积极引进并消化吸收国外先进技术，提升我国的技术竞争力。

3. 太阳能热电联供系统

太阳能作为一种易于获取的免费资源，通过与热电联供系统结合可以解决热电联供系统单独运行时远距离供热所产生的能量损失、大气污染等问题，实现优势互补。太阳能热电联供可以解决目前单一的光热利用或者光电利用效率低的问题，并通过相关系统设计和工程应用技术的优化，实现太阳能与建筑一体化以提高系统的效率。目前的太阳能热电联供系统主要有管板式、扁盒型、热管型、圆热管式、平板热管式、超薄吸热板芯结构等形式，这些设备在运行时往往因为自身温度过高而影响其热电利用效率，通过冷却技术或与热泵技术结合可以解决系统温度过高带来的效率下降问题，并充分利用装置的低品位热能，实现能量的梯级利用，从而提高系统综合性能，实现效益最大化。热电材料和市场的发展也必将对热电联供混合动力太阳能热电系统的发展和未来产业化起到关键作用，而热电性能的下降无疑是太阳能应用工艺中热电发电所面临的最重要挑战之一，非均匀的热应力会对热电发生器产生破坏作用，缩短它们的预期寿命，对发电能力产生负面影响。因此，将来还要通过研发新材料降低相关材料的成本，通过模拟仿真来降低实验成本，并加快相关技术的协同攻关力度，以提高其市场竞争力与市场占比。

3.4.3　热电联供发展中的问题和建议

目前我国还存在供热体制不完善、政策避重就轻、技术更新慢、创新能力不足、初投资成本高等问题。燃料价格的不断上涨及以政府为主导的供热定价机制导致企业出现不盈利甚至亏损状况，严重削弱了其市场竞争力和参与的积极性。监管不力导致扩建的产能没有及时投入使用或者被搁置，不能及时向城乡推广普及。相关从业人员不足，未能及时吸收转化国外成功的技术和经验。为了环保而过多采用天然气作为燃料以替代燃煤，加剧了冬季的气荒现象。

热电联供技术在发展和应用过程中暴露了一系列问题，主要表现为热电供需总量不匹配、空间不匹配、时间不匹配等，严重制约了热电联产产业的健康发展。各相关部门需要加强沟通，及时协调出现的问题，研究热电供需的优化策略，以加快项目的推进速度。政府应加强政策创新并加大政策支持力度，优先发展以太阳能、风能和生物质能为代表的新能源热电联产系统，并逐步提高其能源占比；及时引进国外先进技术和管理理念并加快国内的消化速度，尽快实现国产化，降低发电和供热成本。鼓励社会资本进入，加快行业的迭代速度，从而提高我国相关产业的整体实力和竞争力，抢占国际市场份额。

拓展阅读 3.2
应用案例——基于区块链技术的工业园区"源网荷储一体化"综合能源服务系统

3.5　基于区块链的综合能源交易技术

以绿色新能源为主体的分布式能源系统成为能源交易市场的重要组成部分。为了提高能源利用率，多渠道扩展分布式能源本地消纳，分布式能源系统获得合法就近售电资质，其能源生产和消费结构呈无中心、多节点状。由于现有能源运营模式具有集中式管理的特点，难以简单套用分布式能源。而区块链技术具有可追溯性、交易公开、数据透明的优势，其分散化特性与分布式能源无中心特点相符合，因此提出了一种基于区块链的综合能源交易方案。

3.5.1　区块链技术简介

目前对区块链并未有统一的定义，但根据工业和信息化部发布的《中国区块链技术和应用发展白皮书（2016）》，区块链技术是利用块链式数据结构来验证和存储数据、利用分布式节点共识算法来生成和更新数据、利用密码学的方式保证数据传输和访问的安全、利用自动化脚本代码组成的智能合约来编程和操作数据的一种全新的分布式基础架构与计算范式。区块链的示意图如图 3-6 所示。

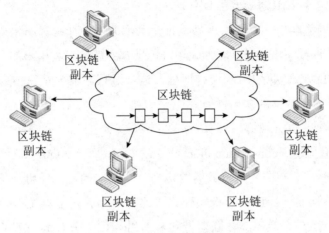

图 3-6　区块链

区块链技术作为创造信任的技术，有以下三个特点：

（1）去中心化。在区块链网络中，所有参与的节点都可以进行记账，且都拥有一个记账权，这种设置规避了中心化记账过程中风险集中的弊端。采用区块链技术的分布式记账架构与传统的集中式记账架构的对比如图 3-7 所示。其中，集中式记账是金融机构在各机构之间使用一个中心化的账本来记录资产的流动过程，而分布式记账是通过去中心化账本来替代中心机构认证资产所有权，多个机构共同运行和检验。

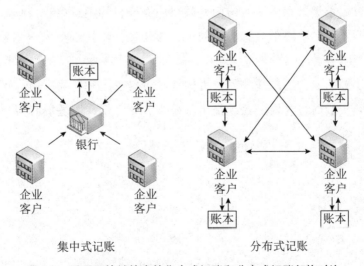

图 3-7　采用区块链技术的集中式记账和分布式记账架构对比

（2）信息难以篡改。在区块链系统中，上一个区块的索引与下一个区块的索引相互连接。如果要修改区块链上的字节，必须破解字节之后每一个节点的打包密钥。如果篡改某一个区块中的某一笔交易，区块的哈希值也会发生相应变化。后面所有的哈希值也都需要重新计算。随着区块链长度的增加，篡改难度越来越大。通常情况下，区块链的长度越长越容易被信任。

（3）安全的匿名性。区块链地址通常是利用非对称加密算法生成的，可以被用作交易的输入地址或输出地址。因为区块链地址本身的信息与用户的个人信息无关，所以用户可以自由创建并使用区块链地址，这个过程不需要第三方参与。因此，相对于传统的账号，区块链的匿名性更好。

此外，根据参与方式的不同，区块链可以分为三个类型：公有链（public blockchain）、联盟链（consortium blockchain）以及私有链（private blockchain）。

（1）公有链。公有链的节点只需要遵守一个共同的协议便可获得区块链上的所有数据，而且不需要进行任何身份验证。"比特币"就是最典型的一种公有链，也是公有链最成熟的一个应用。与联盟链和私有链相比，公有链的节点被某一主体控制的难度最大。

（2）联盟链。联盟链主要面向某些特定的组织机构，因为这种特定性，联盟链的运行只允许一些特定的节点与区块链系统连接，不可避免地产生了一个潜在中心。例如，包含数字证书认证节点的区块链，它们的潜在中心是证书授权中心；以 IP 地址为认证节点的区块链，它们的潜在中心是网络管理员。但联盟链具有交易速度快、信息安全性高的特点。

（3）私有链。私有链只在内部环境中运行，不对外开放，而且只有少数用户可以使用，所有账本记录和认证的访问权限只由某一机构组织单一控制。因此，相比公有链和联盟链，私有链不具有明显的去中心化特征，只是拥有一个天然的去中心化基因。

目前区块链的架构还未统一，各机构都针对自身所开发的应用场景提出了各自的参考架构。一般而言区块链系统是由基础层、核心层、服务层和用户层组成，如图 3-8 所示。

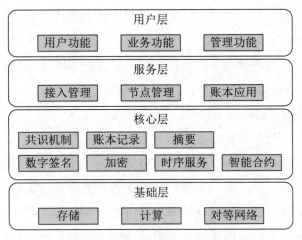

图 3-8　区块链基础技术架构

3.5.2　区块链技术在综合能源交易领域的适用性分析

区块链作为一种去中心化的分布式共享账本，通过邻区块收尾哈希值单向连接实现链式存储。区块链各节点都拥有完整账本的副本，任何节点均可实时查看和校对交易数据。分布式存储的优势不仅在于交易公开化以有效维护数据安全，而且也降低了用于购买服务器的成本。所有分布式能源交易数据都将存储在区块体上，哈希算法自动生成存储交易数据哈希值的默克尔树（Merkle tree）。包含默克尔树的区块链结构如图 3-9 所示，根据图 3-9 可知如果交易数据被恶意篡改，相应的默克尔树根哈希值也将改变。分布式能源交易信息利用区块链的默克尔树存储，使得每一笔交易都可被追溯，防止交易过程出现"赖账"和"假账"等问题。

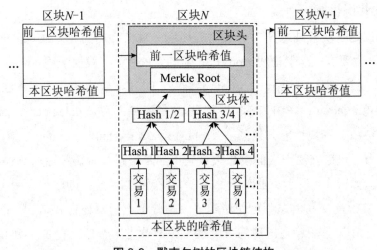

图 3-9　默克尔树的区块链结构

运用区块链技术，对分布式能源交易过程中各节点进行身份脱敏处理，并且利用匿名交易和数据无缓存特征可为 P2P（peer-to-peer）交易和双向互动提供重要保障。非中心化的验证交易过程脱离了如政府机构、银行组织等中央权利系统，所以基于区块链的分布式能源交易系统能实现利益即时结算、补贴即时发放。同时，P2P 直接交易也大大减少了所需的中间手续费。

目前分布式能源交易过程中由于信息不透明、规则不公开、补贴不及时造成的信任问题愈加得到重视。例如，部分能源服务商在预先掌握国家补贴发放政策信息之后，伪造信息骗取补贴；用户伪造自身的交易和用电数据骗取高额补贴；电力市场交易中由于电力损耗造成的成交量与实际接收量不符等。具有分权化、可追溯、交易透明、不可篡改等特性的区块链技术可解决上述信任问题，所以研究基于区块链的分布式能源交易方案可以为优化分布式能源交易系统提供新的思路。

目前，美国能源公司 LO3 Energy 和比特币开发公司 Consensus Systems 合作建立的分布式光伏售电区块链平台 Transactive Grid 开发了全球第一个能源区块链市场，通过将区块链技术与微网结合，使用户有权将过剩光伏发电回馈至电网。Energo 项目通过打造分布式能源自主社区（decentralized autonomous energy community，DAE）的去中心化系统，建立基于 Qtum 量子链的自动能源交易平台，借助数字货币 TSL 实现微网的清洁能源计量、登记、管理、交易与结算。Energo 项目虽然由中国本土企业上海链昱能源科技有限公司创办，但是由于现在中国的能源市场非常饱和，因此该企业的布局重心在东南亚市场。

3.5.3 基于区块链的综合能源交易方案技术机制

1. 互联共识机制

互联共识是区块链技术在去中心化的环境下最核心的问题。在目前的研究内容中，共识算法主要有工作量证明（proof of work，PoW）、股权证明（proof of stake，PoS）、委任权益证明（delegated proof of stake，DPoS）、实用拜占庭算法（practical byzantine fault tolerance，PBFT）、授权拜占庭容错算法（delegated byzantine fault tolerance，DBFT）和高性能共识算法（robust byzantine fault tolerance，RBFT）。

目前电力区块链交易市场的设想大多采用的是搭建公有链和运用 PoW 共识机制的运用模式。如表 3-4 所示，在基于 PoW 的公有链中，区块链已被证明了当算力不足 50% 时，其上的交易信息不可伪造和修改。鉴于电力市场在我国为垄断市场，系统保密性高，51% 非法算力出现的可能性小，故此方案在应用中的实施和在现有文献中被考虑及运用的次数较多。但区块链技术系统设计中存在着"不可能三角"悖论，即系统无法兼顾去中心化、高效、安全这三个性能。目前有相关研究提出及时剔除 DPoS 共识机制的异常节点解决方法，通过对匿名节点进行公开投票，将节点状态进行标识。因此，可以利用 DPoS 机制将综合能源交易系统中的股权定义为碳排放量证明，并且设定季度的区块打包记账权由碳排放量最少的节点获得，以此激励节点减少自身碳排放量，达到节能减排的目的。当然，股权政策可以根据国家政策随时进行调整。

表 3-4　常见共识算法的性能对比

特　　性	PoW	PoS	DPoS	PBFT	DBFT	RBFT
节点管理	公开	公开	公开	准入机制	准入机制	准入机制
交易延时	高（分钟）	低（秒级）	低（秒级）	低（毫秒级）	低（秒级）	低（毫秒级）
数据吞吐量	低	高	高	高	高	高
考虑节能	否	是	是	是	是	是
安全性	<50% 算力	<50% 股权	<50% 验证	≤33.3% 恶意节点	≤33.3% 恶意节点	≤33.3% 恶意节点
扩展性	好	好	好	差	好	差

2. 能源交易账户

目前区块链的交易模式分为两类，一类是基于比特币系统的未花费交易输出（unspent transaction output，UTXO）模型，一类是以太坊的账户交易。UTXO 模型只关注输入值和输出值，即关注节点对于分布式能源交易的买入量、卖出量和余额。以太坊的账户交易设计了账户模型，用户可以直接看到交易前后账户的状态变化。两者各有利弊：在匿名性方面，UTXO 模型中任何用户的未花费交易信息均为保密状态，可以实现隐私保护，而以太坊的账户模型无法实现匿名；UTXO 模型可并行运行，而以太坊的账户模型难以扩展；UTXO 模型只能实现账户状态简单转换，缺少循环语句，而以太坊的账户模型通过智能合约的几行代码实现复杂状态转换；UTXO 模型的脚本缺少图灵完备性，无法与智能合约相结合，而以太坊的账户模型可以和智能合约结合。

参考以太坊的账户模型可以将分布式能源交易账户设计为外部账户和合约账户两种。外部账户用于存放用户的余额、发送接收交易信息、检测当前交易是否只被处理过一次、通过私钥控制是否进行交易、存储所有的账户信息和交易记录。此外，外部账户可以独立发起和响应交易，交易信息为经私钥签名后的数据包。合约账户则存放着不同的智能合约代码，通过交易触发代码执行，交易信息参数将作为代码的参数输入值。但是合约账户无法单独发起交易，只能响应外部账户的交易信息，或者由此响应触发生成状态信息并发送给外部账户。图 3-10 是交易过程中外部账户和合约账户的信息传输，其中外部账户之间传输的"交易信息"只是实现了简单的价值转移，外部账户和合约账户传输的"交易信息"可调动合约账户中的程序代码执行，合约账户和外部账户传输的"状态信息"触发外部账户的状态改变，从而完成分布式能源交易过程中的节点账户付款、收款等交易操作。

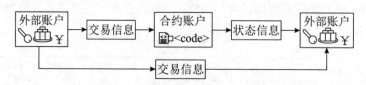

图 3-10　外部账户和合约账户的信息传输过程

智能合约作为分布式能源交易区块链上的一个小程序，包含交易时间、金额、买卖双方、能源种类等一系列分布式能源交易信息。节点可以根据交易业务需求自行制定智能合约内容，也可以选择系统自适应于不同服务业务的智能合约。智能合约自适应机制是指智能合约能根据分布式能源交易市场的各种因素及时更新内容，如根据分布式能源发电商所在地选择能源种类等。

3. 支付问题

2017 年 9 月 4 日，中国人民银行等七部委联合发布的《关于防范代币发行融资风险的公告》指出，代币发行融资活动应立即停止。传统法律认为首次代币发行（initial coin offering，ICO）可能会助长非法众筹、募集资本的发展，因此中国境内全面禁止 ICO，防范不法分子利用庞氏骗局损害民众权益。因为 ICO 的风险大于价值，权威监管部门更加注重区块链技术在推动实体经济发展方面的应用。为了避免金融监管的限制、响应国家严禁使用 ICO 的政策法规，可在基于区块链的综合能源交易平台运用电力积分代替法定货币或者代币进行资金流的传输。系统将根据下面的情况向节点发放积分：①新节点首次注册登入系统，一定量的初始积分可以鼓励用户尝试使用新系统，有利于系统建立诚信发展的环境；②交易完成时，当节点出售、购买并且使用了清洁能源时，系统可以给每度清洁电力贴上标签，节点在购买清洁电力的同时会得到绿证，凭证上注明所购买的电量的来源，可以溯源追查；③节点为系统贡献计算量，如帮助系统计算默克尔树根、验证交易信息；④节点获得区块的记账权、打包并管理区块，节点通过股权证明加上投票的 DPoS 机制获得记账权时，系统可将碳排放量证明或绿证设置为股权。

以上的区块链交易系统中，节点间只能用钱包账户中的电力积分进行交易。用户使用积分可兑换电费、支付结算，同时这种电力积分可识别和追踪，有效防止恶意篡改，保证只能支付一次。用户可以使用、转让、兑换电力积分，若节点账户内没有足够可支付的积分，可向其他节点购买。此时电力积分将作为一种价值载体支撑资产流通，也是一种支持用户消费的权利证明。这种做法一方面打破了区块链应用无法离开代币流通的固定思维，另一方面可以增强节点对区块链管理的责任感，鼓励实现区块链的分权管理。

另外，可以对活跃度较高的节点发放补贴或者激励。基于区块链的综合能源交易平台对每个节点设置活跃值账户，在一个交易周期结束后统计节点活跃值，判断节点对交易持积极、消极或者中立的态度。这样做可以增强节点间互信、明晰奖惩、提高效率。

对于基于区块链的综合能源交易结算，可以采用连续双边拍卖（continuous double auction，CDA）机制。电网、用户、综合能源服务商作为独立的市场主体，在综合能源交易市场中的利益具有不对等性，且可以通过建立一个非合作静态博弈模型，实现各主体利益最大化。在交易过程中选取电网为博弈主体，两个博弈从体分别为用户和综合能源服务商。为了体现区块链去共同对手、降低交易成本的优势，考虑综合能源服务商出售电能的利益最大化和用户购买电能的成本最小化。而约束条件则考虑用户的出价需要高于上一周期成交最低价，综合能源服务商的售价需要低于用户的出价。

目前区块链应用正处于初步探索阶段，关于区块链应用落地的标准还没有制定，所以不同领域关于此方面都有不同的看法。本节只初步分析了区块链技术在综合能源交易过程中的适用性和简单的技术机制，现在进行综合能源交易市场区块链实体应用白盒测试还为时尚早。

◆ 3.6 储能技术

拓展阅读 3.3
"新能源＋储能"参与电力现货市场最新政策

储能技术主要分为三个方面：储电技术、储热技术和储气技术。

3.6.1 储电技术

储电技术能够解决电能在生产和利用时的时间与空间不匹配问题，能够促进分布式能源的利用，提高能源利用效率。根据电能转化类型，储电技术可以分为机械储能、电化学储能、电磁储能等形式。

机械储能主要包括压缩空气储能、抽水储能、高温熔岩储能和飞轮储能等，其中抽水储能是当前应用最广泛的大容量储能方式。机械储能是通过天然材料或资源实现能量存储的储能技术，具有运行成本低、循环寿命长、规模大、绿色环保等特点。其缺点主要是对储能建设的地点和规模有限制，对储能的场地和地理条件有特殊的要求，且一次投资较大，不适用于小规模的离网发电系统。

电化学储能是现在应用最广泛的储能方式，具有环境污染小、使用方便、能量转化效率高等特点。其原理是通过化学反应，实现电能和化学能之间的能量转换。电化学储能设备通常为电池，包含锌锰电池、碱锰电池、锌镍电池、锂电池、铅酸电池等形式。近年来随着新材料和新技术的发展，锂离子电池、金属—空气电池、镍基电池、钠硫电池、液流蓄电池等新型储能技术逐步成为研究热点和商业热点。

电磁储能包括超级电容器储能和超导储能等形式。超级电容器是利用电解质和活性炭多孔电极组成的双层电极结构，组成较大容量的储能系统，具有充放电效率高、使用寿命长、能量密度高和环境适应力强等特点，因此超级电容器储能是当前储能研究的热点之一。超导储能是通过电磁能相互转换实现充放电的储能方式。由于超导状态下的线圈几乎没有电阻，所以超导储能的能量损耗非常小，并且几乎不会对环境产生污染。但是，维持线圈处于超导状态的成本较高，即制冷费用较高，因此限制了超导储能的广泛应用。

3.6.2　储热技术

储热技术研究时间较长，根据储热形式的不同，可以分为显热储热、相变储热和化学反应储热等。

1. 显热储热

显热储热是通过储热材料的热容量，在降低和升高储热材料温度的同时实现热能的释放和存储的过程。显热储热原理简单、成本较低、材料来源丰富，是技术最成熟、利用最广泛的储热方式。低温范围内，土壤、水、砂石等都是常见的显热储热材料，储热材料的密度越大、比热容越大，其所存储的能量也越多。目前显热储热逐渐向地下发展，地下显热储热具有成本低、占地少的特点，适合长期存储，是一种很有前景的储热方式。例如，在美国华盛顿地区，利用地下土壤储存太阳能来供暖和提供热水，夏季结束时土壤温度会升高至80℃，在供暖季节结束时，土壤温度降至40℃。但是由于显热储热材料通过材料温度的变换来存储热量，储热密度较小，放热过程不能恒温，这就使得储热设备的体积较大，容易造成热量的损失，不适合进行长期热量存储。

2. 相变储热

相变储热是通过利用储热材料在热作用下发生相变而进行热存储的过程，相变储热具有能量密度高、温度波动范围小等优点，所以受到越来越多的重视。下面根据不同分类方式对相变材料进行分类。按照相变形式分类，相变材料可以分为固—固储热材料、固—液储热材料、固—气储热材料和液—气储热材料；按照相变温度范围分类，相变材料可以分为高温储热材料、中温储热材料和低温储热材料；按照相变材料化学成分分类，相变材料可以分为有机类储热材料、无机类储热材料和复合类储热材料。目前，固—液储热材料是应用最广泛、研究最多的相变材料，主要包括熔盐类、结晶水合盐类、金属合金、脂肪酸、高级脂肪烃和有机高分子合成材料等，性能各异，种类繁多。固—固储热材料包含多元醇、高密度聚乙烯和层状钙钛矿等。固—固储热材料进行储热或放热时，并不是储热材料的相态发生变化，而是储热材料的内部晶体结构发生变化。固—气储热材料和液—气储热材料发生相变时，虽然潜热量很大，但是其体积变化很大，不易保存，经济性较差。因此，这两类储热材料在实际应用中运用较少。

3. 化学反应储热

化学反应储热是利用化学反应产生的反应热进行储热的一种形式，其具有可长期储存、储能密度高等特点。用于储热的化学反应过程应具有反应速度快，反应具有可逆性，没有副反应发生，生成物和反应物无可燃性、无腐蚀、无毒，反应物易分离且能稳定存储等特点。化学反应储热是非常具有潜力的热量存储方式，当其规模化应用后，成本也能降到一定水平。比起显热储热和相变储热，化学反应储热具有以下优点：储热密度高，化学反应实现热量的转化和存储，提高了能量密度，且减小了储热装置体积，降低成本，减少能量损失，实现热能长期存储。传统储热材料在储热装置和外界温度存在较大温差时，会产生较大的能量损失，而化学反应储热的热量损失较小，且受温差影响较小，热能释放过程中温度波动较小。

3.6.3　储气技术

由于不同季节人们的生活方式不同，对天然气的需求量也有所不同，天然气的供应和需求一直处于不平衡的状态，所以有必要采用储气设备来调节天然气的供应和需求。在天然气需求低谷时将天然气存储在储气设备中，在天然气需求高峰时将储气设备中的天然气提供给用户。由于天然气消费量逐年上升，所以研究天然气的存储技术具有重要的意义。

储气罐储气是最常用的一种方式，储气设备主要包含两种：低压储气罐储气设备和高压储气罐储气设备。其中，低压储气罐储气设备压力比较稳定，分为湿气罐和干气罐。湿气罐含有水封槽来防止天然气溢出，同时也能防止外部空气进入湿气罐。干气罐不含水封槽，具有占地面积小和气体比较干燥的优点，但是存在密封问题。高压储气罐通过改变压力来存储天然气，相比于低压储气罐体积比较固定，可以分为球形储气罐和圆筒形储气罐两种，其中圆筒形储气罐含有卧式和分立式两种。卧式对基础的要求简单，分立式具有占地面积小的优点，但是对基础要求较高。由于生产圆筒形储气罐会消耗大量钢材，所以一般应用于小规模储气场景，而生产球形储气罐可节省钢材，所以应用更加广泛。

地下储气库储气具有安全性高、持久耐用、运行费用较低和容量大等优点，但其一次性投资较大。地下储气库存储天然气主要有以下四种形式：枯竭油气田地层穴储气、含水多孔地层储气、岩盐层地穴储气和废弃煤矿井储气。其中，枯竭油气田地层穴储气是在油气田的参数已知的情况下，将天然气注入油气田，具有运行和投资费用低的特点。含水多孔地层储气是将天然气注入含水多孔地层中，含水多孔地层的下方是含水砂层，上方是不浸透的砂层，当将天然气注入含水多孔地层时会将其中的水排出，从而使天然气存储在含水多孔地层中。岩盐层地穴储气是通过打井，将温水注入岩盐矿床从而使盐层融化形成孔洞，然后将天然气注入。废弃煤矿井储气是利用废弃的矿井作为储气库，这种方法虽然成本低，但是其密封性相对于前三种较差。

液化天然气是在常压下，通过降低天然气的温度（-162℃以下），使天然气转化为液态，此时天然气的体积只有常温下天然气体积的1/600。该方法可以大量减小天然气的存储体积，但其生产设备较为复杂，技术难度大，一般适用于大规模存储或长距离运输。压缩天然气是在常温下将天然气的压力增大至20～25MPa，此时天然气约为常温常压下天然气体积的1/300。压缩天然气可通过公路、铁路和船舶进行运输，运送至天然气使用地后，可将压缩天然气的压力减至1.6MPa，最后再将天然气的压力进一步减小后注入至天然气管网中直接利用。

» **本章测试题**（扫码答题）

第4章

综合能源服务业务体系

党的二十大报告在提出主要任务目标时，将经济高质量发展取得新突破作为首要目标任务。而这一模式的发展理念对于不同的群体提出了不同的要求，且蕴含着不同的意义。高质量发展模式要求能源行业今后在对能源的开发和使用上向更安全、更优质、更经济、更绿色的方向发展；要求电网企业提高对技术要素的投入，将客户资源优势转化为市场竞争优势，服务业务体系也要从重资产业务模式向轻、重资产业务并存的模式转变，提高轻资产业务比重。对于电力客户来说，在有机会享受到种类更多、能效更高、能耗更低、效益更优的能源服务的同时，也要履行相应的责任和义务。习近平主席在气候雄心峰会上对世界气候治理表达了中国态度，做出了承诺，这意味着中国应对气候变化的目标更加明确。为了达成目标，积极推进综合能源领域的发展需尽早提上日程。尽管我国综合能源服务真正开始发展的时间相对世界发达国家较晚，但不难看出，发展综合能源服务业务是实现高质量发展的必由之路，也是现在和未来能源领域发展的重点内容。

首先，发展综合能源服务有助于践行能源革命。"能源革命"的核心就是实现能源变革，而实现能源变革的一个重要根本路径即为"再电气化"。"再电气化"的内核由非化石能源驱动，是以清洁电力为中心的高电气化能源利用格局。从能源利用的角度来看，"再电气化"的表现形式为电能对化石能源的替代程度不断加深，电气化水平不断提高。综合能源服务具有能源多元化生产和终端智慧化消费等特点，这使得能源配置得到高效利用，可再生能源消纳比重得到提升，清洁能源被更好利用，从而实现能源消费方式的根本性转变，更好践行科技革命。

其次，发展综合能源有助于满足用户多样化需求。不同客户对于能源消费有着不同诉求，大部分要求基本可以总结成三点，即多能互补、节能减排、增加收益。发展综合能源服务恰好可以更好地满足客户多样化需求，解决核心问题。开展此类服务，要将服务范围深入到客户内部，根据客户的需求和企业的真实资质提供特定服务。一方面，在咨询业务中提供综合集成的优化方案，推动多种能源在生产、运输、转化等环节相互协调，同时兼顾投资、运维、运行经济性等角度，让客户获得性价比最高的规划方案；另一方面，根据客户自行规划的方案要求，提供基础设备支持，或在客户侧提供运行业务服务，帮助其提高电能替代比例，优化能源结构，促进能源消费更加低碳绿色。

最后，推进综合能源服务有助于促进电网企业的转型和发展。随着我国能源产业转型的不断深入，能源市场从单一领域的竞争逐渐转变成跨品类、跨行业的综合竞争。传统石化、燃气、光伏等供应商不断布局售电及综合能源服务市场，电网企业传统的服务模式已经难以适应激烈的市场竞争，通过开展综合能源服务，可形成与电网企业传统的供售电业务互济互补的局面。一方面有助于增加客户黏性，通过向客户提供更优质全面的服务，巩固和拓展用户群体；另一方面有助于拓展业务范围，带动产业发展，培育市场新业态，获得新的利润增长。

综合能源服务业务可按照服务业务中固定资产所占的业务资金比重，分为轻资产业务和重资产业务两类。下文将对这两类业务分别展开论述，并且对其衍生的增值服务进行解释。

4.1 综合能源服务轻资产业务

拓展阅读 4.1
综合能源服务站加速落地，下一个能源"风口"指日可待

轻资产属于无形的资产，一般包含企业的经验、规范的流程管理、研发创新能力、治理制度、营销管理能力、品牌综合价值、已有的客户资源、人才资源、质量监控能力等公司资源。

轻资产业务可投入相对少量的资金，赚取更高的利润回报。综合能源服务的轻资产业务不需要投入过多的固定资产和大量资金，它们以其核心价值为基础，占据价值链有利高地，既能最大限度地实现公司的可持续盈利能力和快速发展的战略目标，又能利用企业的无形资产和少量资金投入完成业务服务。现阶段综合能源服务轻资产业务可大致分为三类：投资业务、咨询业务和运营服务。

4.1.1　综合能源服务投资业务

目前，我国能提供综合能源服务投资业务的服务商多为大型电网公司及能源分销商（如国网、南网、国电投、华电等），此类企业往往不存在融资障碍，也具备单独出资建立综合能源项目的能力，它们通常会采用自有资金附加银行贷款、融资租赁或通过集团财务公司融资的模式进行综合能源项目的开发。这些企业对项目享有绝对控制权，负责项目的整体管理并从中获取收益。综合能源服务的投资业务侧重于提供金融和投资相关服务，比如从事项目投资、设备租赁、投融资、工程保险及设备保险、资产证券化等业务。以下五点为投资业务的服务内容介绍及收益方式。

（1）项目投资服务：综合能源服务商通过给用户提供多种类型的交易来获取收益。综合能源服务商给能源用户提供更加规范和专业的服务，为用户构建项目提供资金及技术支持，且参与能源投资、配电网投资、配电资产投资，与用户一起共同搭建能源网络框架、综合能源系统等。综合能源服务商通过获得项目后期低价服务、投资回报分红、过网费、服务费等方式获取收益。

（2）设备租赁服务：综合能源服务商为了降低客户初始设备投资，把服务商开发制造或进购的持有综合能源相关的设备出租给有租赁意愿的客户。将客户设备投资从购买变成租赁方式，直接减少客户的资金投入，使客户有更多的流动资金投入其他用处。设备租赁有直接融资租赁、售后回租及联合租赁等方式。客户向企业支付租金和抵押的押金，服务商通过收取租金来获取收入。

（3）投融资服务：综合能源服务商专门为电力市场中的任何一方的客户或能源行业相关的企业提供融资服务，通过其自身对行业的了解，为客户解决资金紧张的问题，或为客户撮合投资方。由于服务商自身的渠道优势，往往能帮助在能源供应链上处于多个环节中的公司渡过难关。获利方式为债权收益以及融资服务费用。

（4）工程保险及设备保险：客户通过综合能源服务商购买能源建设项目的工程保险或相关设备的保险，综合服务商则根据客户工程及设备实际情况，结合保险承诺的保障内容，予以赔偿、维修或重置。工程保险包括建筑工程保险、安装工程保险以及最新出现的科技工程保险等。获利方式为承保利润以及利用保费进行投资来获取收益。

（5）资产证券化：为解决同业竞争问题，同时优化资本结构、改善财务状况，目标客户拟向不一定数量的特定投资者非公开发行股票以实现资产证券化。而综合能源服务商则为客户开展资产证券化提供专业的评估和建议，甚至认购部分股份。服务商从中收取服务费或从认购的股份中获得收益。虽然持续、稳定、可预测的现金流是资产证券化的首要条件，但仍需谨慎处理好补贴政策风险、拆迁风险、质量风险等多重问题。综合能源服务商则可在这个过程中帮助企业处理部分难题，促成资产证券化。

提供这类综合能源服务业务的公司，其核心竞争力一般总结为两点：一是融资能力，即比拼彼此融资渠道的多寡，融资成本的高低；二是投资的管理能力，以及对良好项目的发现能力。为确保投资业务能充分开展并准确营销，综合能源服务的目标应优先选择对外界投资服务有较大需求的客户，并且最好是选择投资前景好的项目，充分考虑其用能规模、需求稳定性、利润水平、发展前景等因素，然后提出并给予相应的综合能源服务投资业务方案。目标客户分类如下：

（1）工业企业：新兴工业企业客户用能规模较大，平均电价较高，能源消耗相对平稳，对于能源成本比较敏感。传统工矿企业则对能源依赖程度较高，生产成本中能源消耗所占比重较大。在能源提供方面，综合能源投资服务会减轻企业资金压力，促进企业技术革新，同时，部分新兴工业企业的研究成果可以反哺综合能源服务商，实现双赢。这两类客户是需要争取的优质售电客户，前者发展前景巨大，后者与能源服务黏性较高，且对国网品牌和服务的认知程度较高。

（2）经济园区：我国的园区大致可以分为工业园区、自贸园区、物流园区、科技园区、文创园区、农业园区等几类。园区往往聚集了大量不同规模的能源用户，整体用能水平非常可观。它们各自孤立、分散的用能模式会增加园区客户的能源初始投资压力和运营维护成本。而大部分园区往往没有独立建立综合能源系统或缺乏整合综合能源资源的能力与设备资源。同时对新建的园区，利用园区统一规划、统一建设、集成布置的契机，开展区域能源站建设及综合能源服务都是较好的投资机会。

（3）政府新型公共基础设施：2020年，中央政府密集出台了新型基础设施建设相关政策，包含5G、新能源汽车充电桩、大数据中心、人工智能、工业互联网等高新科技领域。作为能源服务新对象，5G基站、数据中心具有能耗高、用能需求综合化等特征，为能效提升、多能供应等综合能源服务细分领域带来了潜在需求。这类客户承担社会公共服务职能，能源消耗稳定，投资风险相对可控，项目示范效应明显且发展前景可观，同时充分承担企业社会责任。

4.1.2　综合能源服务咨询业务

提供咨询业务的企业大多以能源数据资产的价值挖掘和变现为核心，因而综合能源咨询业务很大部分的服务内容为数字服务。从某种程度上说，未来一些售电公司应该是数字服务型的企业，因为负荷数据是交易的关键，还有一些提供电费优化、检测诊断等业务的企业，也属于数字服务型企业。综合能源服务的咨询业务范围较为广泛，包括交易撮合、综合能源系统规划、节能咨询服务、目标能效评价等。以下为咨询的服务内容介绍及对应的收益方式。

（1）交易撮合：综合能源服务商根据客户提供资质信息和主体需求，利用自身具有的渠道和资源，帮助客户撮合交易订单。交易的范围包括但不限于能源交易、项目设备交易及技术转让等。服务商通过撮合客户与目标交易对象的交易，获得服务费或佣金。

（2）综合能源系统规划：综合能源服务商根据客户的要求，利用现代物理信息技术、智能技术以及提升管理模式，制订适合客户情况的综合能源系统方案，并在规划、设计的过程中，对各类能源的分配、转化、存储、消费等进行有机协调与优化。服务商通过规划设计，为客户提供方案、设计图以及相关建议，以收取客户的服务费和劳务费。

（3）节能咨询服务：综合能源服务商把能源用户当作目标客户群体，利用大数据技术，给重点用户提供能源套餐，加强专业团队培训，为重点客户提供优质服务，帮助重点客户提高能效，降低能耗。在这种模式下，获利方式采用的是固定收入和收入构成的整合模式，其中固定收入是为客户提供服务的保证费用收入，收入构成是客户降低能耗费用的约定比例。

（4）目标能效评价：综合能源服务商根据客户要求，通过实地考察，检测客户提供的数据，对目标主体进行能源数据和产生数据的分析，进而做出目标能效评价，同时为客户提供改进建议以及优化方案。服务商通过收取客户的咨询费和劳务费获利。

为保证咨询业务能较好地服务客户，综合能源服务商除了要具备一定的资质，还要对客户的信息和要求有足够的理解和把握。通过客户提供的资料以及其他资源对客户的企业综合资质、具体需求、方案预算、支付能力等方面进行了解，从而提供综合能源咨询业务服务。该项业务服务的目标客户分类如下：

（1）工矿企业：客户用能规模大，平均电价较高，能源消耗相对平稳，能源成本占生产成本比重高，对于能源成本比较敏感。因而企业对节能、储能等涉及生产成本方面的问题咨询有较大需求。同时，在能源系统规划方面，综合能源服务商也可通过其丰富的经验和成熟的技术为企业提供设计方案以及咨询建议。此外，这类客户是需要争取的优质售电客户，且对国网品牌和服务的认知程度较高。

（2）园区：园区往往聚集了地方大型用户，整体用能水平非常可观。但是每个用户之间各自孤立、用能模式分散。仅凭借简单的规定或园区管理无法解决园区客户的能源初始投资压力和运营维护成本增加的问题。因此，园区管理者就可向综合能源服务商咨询园区能源系统优化建议或者园区综合能源系统规划方案，特别是在新建园区，利用园区统一规划、统一建设、集成布置的契机，以第三类服务方式为切入点，辅之以其他方式，开展区域能源站建设及综合能源服务。

（3）公共建筑：一般来说，学校、医院、商业综合体等公共建筑是咨询业务的潜在客户。伴随着我国服务产业的逐步增长，用能量越来越大。公共建筑因人流量大，对冷热电有较高的品质需求，同时用电价格较高，用能需求稳定，支付能力较强，是推广综合能源服务的重要对象。该类客户通过与综合能源服务商进行交流咨询，构建出的微电网和综合能源系统将满足客户更高层次的需求，同时也将成为服务商的示范案例。

4.1.3　综合能源项目运营服务

综合能源服务商常常采用不同的模式对工程项目进行开发和运维，从而推进项目的进展并增加公司的盈利。它们大多以总包身份进场，负责项目整体的建设及运维，进而通过效益结算的方式获取收益（如上海电力大学临港校区智慧微网项目）。现阶段综合能源服务的项目运营一般包括两类：其自身公司的运营和为客户公司或项目的代理运营。其业务范围包括：运行优化、能源质量管理、设备托管、电费托管、客户代维。

1. 运行优化

综合能源服务商为降低客户能源消费总量，为客户用能进行运行优化工作。它们派出工作人员，或将客户的设备厂房连入综合能源检测平台，利用服务商的技术优势，根据现有情况开展能效诊断、节能改造项目、电能替代等工作，从而实现运行状态优化的目标。服务商以节能效益分享、技术服务费等方式实现盈利。

2. 能源质量管理

综合能源服务商为减少客户的管理成本，对客户的公司进行数据分析、用能监控等工作。它们运用新技术，对客户的能源产出和能源使用的质量进行检测和管理，以保证电能质量。服务商在客户的企业内进行能源质量管理工作，通过收取劳务费、服务费等方式获得收益。

3. 设备托管

设备托管服务，是指企业通过与综合能源服务商签订契约，将自身非核心业务或者工作交给承包方完成的经营管理形式。为提升企业核心竞争力，电力设备托管作为降低成本管理的工具逐渐被越来越多的企事业单位、政府机关所采用。专业企业为客户就设备运维、节能降耗、电能质量治理、清洁能源利用、安全用电等制订全面专业的方案。这样既能保障客户的用电安全，又能降低企业运营成本，服务商也能从中获得收益。

4. 电费托管

对电能用户，如何最优分配自发自用电量、中长期售电量、现货电量、分布式交易电量，实现用电价格最低才是简单朴素的终极诉求。因此，综合能源服务商的项目运营业务向分布式光伏项目提供代理交易服务，形成更丰富的负荷侧电量供给服务，其核心竞争力是进行用户负荷预测、天气预测、分布式发电量预测、现货市场预测，以及构建各项电量统筹分配技术平台的能力。通过精确的预测和分配给用户计算出最低的用电成本，可跨越优于现有其他售电公司报价的技术门槛。

5. 客户代维

客户代维通常指高压自管户将自有产权的配电室、变压器、低压柜等电气设备的维护、运行管理，交由具备资质的第三方电力技术专业服务主体管理的一种形式。这里的第三方便是综合能源服务商。将工作交给专业团队既能保障安全生产，又能享受专业服务，同时还能规避风险，为企业降本增效。综合能源服务商通过从中收取服务费和管理费等方式获得收益。

项目运营服务被分为综合能源服务商内部项目运营以及对外客户的运营服务。因而其服务业务范围较为广泛，不能简单地分为某几类。但该业务的目标客户有较多的共性。首先，目标客户不擅长进行用电管理、负荷管理、电费管理以及设备管理；同时，相关项目运维队伍人员不足以将客户项目管理好，例如，医院、学校、商场、写字楼、厂房等非民宅建筑；其次，企业对能源利用、能源分配布局、能源质量有较高的要求，并想对企业的能源结构、能源效率等一系列问题进行优化；最后，由客户自行构建专业队伍解决相关问题的成本较高，并且包含一定难以规避的风险。符合上述部分共性的企业都是综合能源服务商的潜在客户，值得深入挖掘，不断拓展业务服务范围。

4.2 综合能源服务重资产业务

拓展阅读 4.2
绿色低碳雄安
高铁片区综合
能源服务典型
案例

重资产一般是指企业所持有的如厂房、原材料等有形的资产。重资产业务通常以较大的资金投入，获得较少的利润回报，利润率较低。其资本、技术投入大，门槛高，运营模式不易被效仿，易形成行业寡头垄断，产生规模效应。同时，由于投入成本较高，该类业务也有一定的运营风险。重资产业务类型较少，一般把综合能源项目建设服务认定为重资产业务。

综合能源项目建设服务从专业性角度来看，是工程服务型的业务。工程服务包括勘察设计、土建安装、机电安装、工程调试等，还有提供工程总承包的 EPC（engineering procurement construction）方。

综合能源项目建设服务一般可分为两种模式。一种是长产业链的重资产配置模式。这种模式最适合大型国有能源企业或者电网公司，因为它们在能源和电力产业链上本身就掌握了大量重资产，最有可能以原有的产业链优势向综合能源服务领域迈进。而另一种是专注某些领域的重资产配置模式。专注某个领域或者某几个领域进行重资产投资，形成可盈利的商业模式，与长产业链重资产配置模式形成差异化竞争，这种模式相对适合大型民营企业或者民营上市公司。

目前一些电力设计院、传统的工程建设单位，在进行未来的综合能源服务定位时，更多的是往这个方面倾斜。工程服务型的综合能源服务业务，其传统商业模式一般是建筑—移交（build-transfer，BT），当然现在也有其他的模式，如建筑—运行—移交（build-operate-transfer，BOT），但是就实际操作而言，运行（operate，O）这个环节，未来会逐渐专业化，就像房地产集团是投资方、房地产项目公司是工程管理方。未来的运行环节可引申出第三种专业公司——运营服务方，即重资产业务会逐渐向项目融资方向发展。

4.3 电能服务增值服务

拓展阅读 4.3
绿证交易规模
持续扩大

从移动通信、电信、邮政等行业改革的经验来看，提供增值服务是保障企业收益、提高市场占有率的一种有效途径。综合能源服务作为未来将被逐渐壮大的主题，更应该充分重视电能服务增值服务的开拓。综合能源服务商充分利用各自的技术和资源优势，根据不断完善的能源领域相关政策，为用户提供电能服务的增值服务。除去电价优惠套餐、综合能源提供及管理、节能咨询及技术支持等基础的轻资产服务外，由于碳排放相关制度、可再生能源配额制度等政策的颁布，能源产业链上不同主体需要承担更多的责任和义务。为了更好地承担这些责任，履行企业义务，电能服务的增值服务应运而生。

电能服务的增值服务包括主动需求响应、虚拟电厂、主动充电运营业务，以及协助客户进行能耗权交易、碳交易与碳资产管理、绿证与绿电交易等业务内容。

1. 主动需求响应

需求响应（demand response，DR）主要是指电力需求响应，即当电力市场的整体价格受到外界因素影响而产生波动时，需求侧接收到供给侧发出的信号，诱导性提醒用户减少负荷便可获得直接补偿；或者供给侧发出价格上升信号后，引导用户注意价格变化并根据自身情况改变用电模式，达到减少或者推移某时段的用电负荷来响应电力供应，从而确保电网经济、稳定、高效的运行。需求响应是实现供给侧结构性改革目标的关键手段之一。

想要真正利用好需求响应，首先要将需求响应当成一种未被充分开发利用的资源来看待。随着技术的进步、设备的升级，需求响应已成为一种新的、系统可利用的资源，应该主动利用需求响应。这种利用分两步：第一步，增加该类资源的存在量；第二步，充分、合理地利用这类资源。第一步意味电力供给侧要优化，能源管理部门督促企业改变发展方式。第二步意味着大数据、云计算和区块链等新技术要充分利用主动需求侧响应，真正提高企业和用户对能源的实际管理水平。

综合能源服务体系中同样需要主动进行需求响应。因此，需要推动以用户为中心的发展思维的转变，加快系统中能源配置的优化与协调，同时促进各类能源横向跨界融合与优势互补。

总而言之，主动需求响应业务的真正落实离不开对新技术、新概念、新系统的不断深入开发和有效利用。当具体落实到用户端时，未来能源互联网的系统运营商应当为用户提供综合能源解决方案，以充分发挥这种支撑作用。

2. 虚拟电厂

虚拟电厂的提出是为了整合各种分布式能源，包括分布式电源、可控负荷和储能装置等。其基本概念是通过分布式电力管理系统将电网中的分布式电源、可控负荷和储能装置聚合成一个虚拟的可控集合体。其主要由三个模块组成：发电模块、储能模块、通信模块。

分布式电源独立运行时，其出力不确定性较大。当其接入当前的传统大电网体系时，电网的安全性会受到威胁，供电可靠性将受到冲击。为了保证电网运行的稳定性和可靠性，虚拟电厂应运而生。通过虚拟电厂对大量分布式电源进行合理调度运行，保证电力系统运行的稳定性。虚拟电厂通过将分布式电源、可控负荷和储能系统聚合成一个整体，使其能够参与电力市场并辅助服务市场运营，实现实时电能交易，同时优化资源利用，提高供电可靠性（见图4-1）。

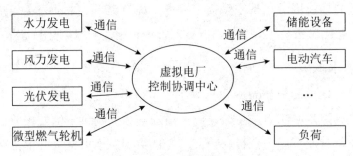

图4-1　虚拟电厂模块组成

　　想建立大范围虚拟电厂，就要先满足如下几方面条件：首先，拥有众多分布式可再生能源发电设备的控制权；其次，拥有分布式储能设备等一系列灵活性设备；最后，还要具备可再生能源的市场化销售机制以及一套为其服务的软件算法。基于此类大范围虚拟发电厂，即虚拟发电厂的电力共享池系统，世界上的其他国家提供了更加新型的售电模式。在该模式下，加入电力共享池的终端用户能够便捷地互相交易电力，通过各自的分布式储能设备最大化地使用分布式可再生能源的电力，减少外购电，从而显著减低用电成本。

3. 主动充电运营

　　主动充电运营是综合能源服务业务的一项重要增值业务，以站控终端为核心，通过交易中心进行电能批发和光伏等自有能源发电，在云端控制中心通过交易结算之后，车辆可以通过充电桩享受充电服务。

　　通过构建电动汽车能源服务平台，达成新能源汽车充放电的智慧管理，加快该领域绿色出行的发展。以新能源汽车能源服务平台为基础，提供充电导航、充电状态查询、充电预约、费用结算、根据电量规划路线，以及电池保养、车辆维护等公众服务功能，实现新能源汽车的安全用能、有序用能、智慧用能。

　　运用基于人工智能的故障预警与诊断技术，保障充电安全与用电安全。运用先进的网络安全技术与数据传输存储技术，保障信息安全。基于电动汽车能源服务平台，实现电动汽车充电收费、放电收费、换电收费等费用结算服务。通过相应技术实现电动汽车用户合理经济用能。通过与新能源、车联网、停车场等平台的互联互通和数据融合，拓展充电桩数据服务的内容与发展方向。结合需求响应技术，向充电运营商提供合理有序的充电调度策略，促进电动汽车与电网的协调发展。

4. 能耗权交易

能耗权交易，是用能耗配额控制各主体的能量消耗。能耗配额较多时，用能主体可售出获利；能耗配额较低时，用能主体既可通过节能降耗满足能源需求，也可依托市场购入能耗配额实现能源供需平衡。综合能源服务商可充当第三方角色，帮助有需要的客户联系与撮合能耗权交易，对于购买能耗配额的成本低于自己节能的主体，服务商可帮助其购入配额；反之，则会帮助其售出不需要的配额。这样，节能降耗的竞争机制就会形成，节能与能源管理的相关轻资产业务的需求也会增加。

5. 碳交易与碳资产管理

碳交易，简而言之就是企业间通过一定机制买卖二氧化碳排放权的交易行为。碳资产分广义和狭义的概念。广义的碳资产是指能源市场主体以多角度、多手段形成的一种自己持有的资源，它预期可以为公司在碳减排方面节约成本，带来利润。狭义的碳资产是指在现行的碳排放权交易机制下，产生的可直接或间接影响组织温室气体排放的配额、减排信用额及相关活动。碳排放配额是指企业在一年内被允许排放的二氧化碳总量是有规定配额的。当地省政府根据各行业综合能耗情况指定了几个控排行业，然后根据行业内企业过往几年的年度综合能源消费总量来确定具体的配额管理企业名单。控排行业通常是电力、钢铁、化工、石化、有色、民航、建材、造纸八大行业。

根据最新出台的《碳排放权交易管理办法（试行）》，生态环境主管部门应当根据生态环境部制定的碳排放配额总量确定分配方案，且向本行政区域内的重点排放单位分配规定年度的碳排放配额。综合能源服务商开展客户碳排放水平评估业务，帮助客户预测其可能的碳排放水平，同时接受客户的碳交易代理业务，帮助客户获取协议转让、单向竞价等方式购得配额，服务商从中收取服务费。

6. 绿电与绿证交易

绿电即绿色电力，也就是可再生能源，由于配额制度中往往不计入水力发电，所以在我国一般认为绿色电力是非水可再生能源。结合中国在《巴黎协定》中所做的承诺，为保障上述目标得以实现，从政策层面上，我国不断征询配额制的意见稿，用市场检验并不断完善可再生能源消纳配额制度，加快绿证交易制度的落地实施。由于可再生能源发电规模增速高于补贴基金的增长速度，且回报周期过长，导致补贴入不敷出，无法满足此类能源大量并网带来的补贴需求。推行配额制和绿证交易制度，让可再生能源发电企业可以通过销售绿证对冲补贴拖欠的风险，缩短企业资金回款的周期，有助于减轻国家可再生能源补贴压力。

由于可再生能源交易政策中关于配额制主体范围的内容不断完善，越来越多的主体要承担消纳绿色电力或者获取绿色证书的责任。绿色证书交易其实就是把绿电的价值用绿证交易市场来确定，间接地影响电力价格，将无形的价值变现的过程。在绿证市场上参加交易的主体往往以配额制责任主体为主。

因为很多客户无法通过自己的途径直接获取绿色电力或不能以较低成本完成配额任务，所以综合能源服务商在该方面的业务由此产生。服务商可根据客户需求，直接供给或代客户进行绿色电力交易或绿色证书交易，从而帮助客户节约生产成本，完成配额责任。

▶ **本章测试题**（扫码答题）

即测即练

第 5 章

综合能源服务商业模式

5.1 传统商业模式

拓展阅读 5.1
什么是商业
模式？

传统能源产业的能源服务经营的侧重点一般在能源或设备的营销领域，发电公司、配电公司、售电公司等基本不存在联动，它们各自规划、建设运营。市场上存在的能源服务则是把产品当作核心来营销，业务范围主要是对现有建筑设施的节能改造、节能设备进行推广等。在传统模式下，服务的主要管理模式为合同能源管理。尤其是在节能改造业务中，合同能源管理可以较为有效地平衡项目的经济效益和社会效益，承担起企业的社会责任。

综合能源服务的商业模式与以往的能源服务的商业模式有所区别，其面向的客户群体更加广泛，受市场壁垒的限制程度相对较小，可以更加有效地推进能源变革。较为常见的综合能源服务商是节能服务公司。这类公司将能源合同管理引入公司的服务机制，通过降低能源消费的方式完成项目改造，用分享回收的投资来盈利。

现阶段的综合能源服务主要有两个关注点，即客户新需求是否被充分挖掘以及服务能否让边际效率增加。其中，客户的一部分需求是有关传统业务的，比如增量配电网，实际上这是电力用户对于电能的简单需求。由于我国电力体制改革的驱动，使得部分的输配电资产由非电网的社会资本加入与电网企业的配电网形成竞争。分布式光伏与需求响应都是随着技术发展和政策变化被挖掘出来的新需求与新业务，随着科学的进步与发展，以及市场的政策推进，新的需求随之而来。

至于服务能否让边际效率增加方面，不应仅局限于挖掘出新业务，任何业务只要通过技术和理念的改变就能增加业务本身的边际效率，即可产生具有价格竞争优势的新业务。可以说第一点和第二点相辅相成，相互促进。

5.2 新型商业模式

拓展阅读 5.2
综合能源服务
业务运作模式

综合能源服务的基本业务模式总体上可以用能源供应链上的环境来分类。分别从供能侧和用能侧看，通过能源输送网络、信息物理系统、综合能源管理平台以及信息和增值服务，实现能源流、信息流、价值流的交换与互动。理想盈利模式中，除了产业链和业务链的构建之外，其盈利主要源于四个方面。一是潜在的收益来源，包括土地增值和能源采购。这种模式主要应用于园区。土地增值方面，主要体现在入驻率上升、开工率上升和环境改善。能源采购方面，主要体现在园区用能增加，电力、燃气以及 LNG 的议价能力提高。二是核心服务，包括能源服务和套餐设计。能源服务方面主要体现在集中售电、热、水、气等能源，节约成本。而套餐设计方面主要体现在综合包、单项包、应急包和响应包。三是基础服务，即能源生产，包括发电和虚拟电厂。发电方面主要体现在清洁能源发电和可再生能源发电，自用电比例越高，收益越好，而虚拟电厂方面主要体现在储能、节能、跨用户交易和需求侧响应。四是增值服务，包括工程服务和资产服务。工程服务方面主要体现在实施平台化和运营本地化，而资产服务体现在设备租赁、合同能源管理和碳资产。整个综合能源服务可看作是一种能源托管模式。在电力市场放开后，未来相关电力企业比拼的不仅仅是发配售输电，更应该比拼的是全方位、综合性的能源服务。总结主要有以下 8 种商业模式。

5.2.1　配售一体化模式

在售电公司所属的配电网范围内，用户直接和售电公司签署购电合同。售电公司将所取得的收入支付给输电网运营商，其余归为公司收益。这种商业模式，主要适用于拥有配电资源的售电公司。

在国外有许多配电网都是由私人进行投资和建设的，例如，法国、德国等欧洲国家，特别是德国。由于 20 世纪 90 年代末的私有化浪潮，大部分配电网资产都落在了私人手中。之后随着售电市场的开放，诞生了许多拥有配电网资产的配售一体化售电公司，这样的售电公司相对其他售电公司最大的区别在于，公司不仅可以从售电业务中获得收益，同时还可以从配电网业务中获得配电收益。

在公司配电网运营的范围内，如果用电客户直接与配售电公司签订用电合同，公司除了需要向输电网运营商支付输电费，剩下的收入都将归公司所有，去除购电成本与配电网投资及运营成本，公司将同时获得配电利润以及售电利润；如果用电客户与其他售电公司签订用电合同，那么公司只能收取配电费，也就只能获得配电利润。无论是哪种情况，配售一体化售电公司都能保证有利润来源，这是公司能持续经营以及发展的保障。配售电公司，由于拥有配电资源，更容易在售电市场上占据先机，成为保底售电公司，这也就为公司获得更多用电客户打下了坚实的基础。同时配售电公司还可以积极利用配电网资源开展售电增值服务，如合同能源管理、需求侧响应等，利用客户资源参与电力辅助市场。

但是这种模式的配售电公司在进行更大投入的同时也承担着更大的风险。首先需要投入更多的资金建设或改造配电网，日常的运行和维护工作也需要专业人员和先进的管理技术。例如，可再生能源的发展将势必给配电网的规划方案带来很大的影响，特别是分布式可再生能源发电设备绝大多数都接入了配电网，配电网面临着扩建和改造，此时配售电公司不得不投入更多的资金。其次是政策风险，如输配电价的核定办法存在变动的可能，这使得配售一体化公司的收入不确定性增加，从而可能加大公司投资项目再融资的难度。

5.2.2　供销合作社模式

供销合作社模式的售电公司是将发电与售电相结合，合作社社员拥有发电资源，通过供销合作的方式将电力直接销售给其他社员，同时售电公司将获得的售电收入中的一部分继续投入发电厂建设，以此达成发售双方共赢的局面。采取供销合作社模式的售电公司最大的优势在于可以获得优质的发电资源，特别针对那些分布式可再生发电站。通过集合分布式发电站，组建一个销售纯绿色电力的售电公司，一方面吸引具有环保意识的人士或者是有碳排放限额的公司购电，另一方面由于售电公司取得的一部分收益将投资或是分配给发电站，发电站运营商也就更愿意加入这种供销合作社模式的售电公司，售电公司的购电成本也就能相对减少。

国外已经出现了不少这样模式的售电公司，其中最出名的就是法国的Enercoop。2005 年该公司由国际绿色和平组织和一些其他环境保护组织共同组建，公司销售的所有电力全部来自可再生能源，截至 2016 年已有 4000 多个客户，年售电量达 120 亿 kW·h。在购电方面，售电公司承诺将 57% 的利润返还给可再生能源发电商，支持可再生能源的发展。

但是供销合作社模式的售电公司也存在相应的风险，选择投资哪些发电站将在很大程度上影响公司的效益，售电公司必须有相应的风险管控及合适的投资策略。例如，德国一家地区性售电公司选择投资联合循环热电联产厂，然而由于电力批发市场电价持续走低，此类型的发电厂发电成本相对较高，无法降低售电公司的购电成本，公司也就无法从中获利。

5.2.3 综合能源服务模式

国外一些售电公司在开展售电业务的同时，也对该地区开展其他能源甚至公共交通、设施等服务，也就是城市综合能源公司。这类公司一般都提供供电与供气服务，客户可以与公司单独签订用电或是用气合同，公司也会提供综合能源套餐。相对于单独签订供电（供气）合同，同时与公司签订供电与供气合同能够得到更多的优惠，这也是这类公司吸引及留住客户的重要手段。此外有一些地区性综合能源公司还提供供热、供水、公共交通等服务，让客户可以享受多方位的能源服务。

德国最大的城市综合能源服务公司位于慕尼黑，公司主要为慕尼黑及周边地区的居民和工商业用户提供供电和供气服务，其中提供给居民的供电套餐就有 7 种，例如，固定电价套餐、绿色电力套餐、网络电力套餐等。此外公司还提供供热、供水、公共交通以及租车服务，还推出了电动车充电服务，公司现有客户可以免费使用充电桩，当然其他电动车用户也可以使用充电桩，但是每次充电必须缴纳 9.9 欧元的充电桩使用费。公司通过捆绑销售这种方式吸引更多的客户，提高客户忠诚度，利润来源也更为多样化。

这样的地区性综合能源服务公司，除了提供供电、供气服务外，往往需要经营其他一些利润很少甚至是没有利润的公共基础服务，如市内公共交通，这样将加剧此类公司的财务负担，因此导致国外的一些地区性综合能源服务公司陷入财政困境，甚至濒临破产。

5.2.4 售电折扣模式

为了更好地吸引客户，售电折扣商不仅提供较低的基本电费，还针对新用户提供诱人的折扣。许多新加入的商业用户能够通过这类套餐在初期显著降低用电成本，而居民用户更是通过返现和折扣有可能在第一年减少 20% 的电费支出。对于部分用户甚至可以采取预交电费提供更低折扣的方式。

售电折扣商的主要风险是流动性风险。售电公司是电力大规模生产和小规模销售之间的纽带，必须同时参与电力批发和零售市场。然而这两种市场的电力结算方式与结算时间相差巨大，如果售电公司没有处理好这些时间差，很有可能因为缺乏流动性而对自身经营造成巨大的影响。

售电折扣商在初期的低价策略之后，必须通过转型来获得长久的发展。在通过低价电力获取市场份额，站稳脚跟之后，多样化的定价方式与服务才是这类售电公司成功的关键。

5.2.5　"配售一体化+能源综合服务"模式

在售电侧（出售电力的相关部门）和配电网同时放开的情况下，同时拥有配售电业务，并且能为园区内电力用户提供增值能源服务的公司将深度受益。一方面，负责园区售电业务可以直接从市场化的协议购电或集中竞价交易中获取发电侧和购电侧之间的价差利润，另一方面还可获得园区内各电力用户的电力需求数据，这是用户数据的第一入口。更为重要的是，以用电数据为基础，为用户提供能效监控、运维托管、抢修检修和节能改造等综合用电服务可以有效提高用户的用电质量，并增强客户黏性，同时从盈利能力更强的服务类业务中获得更多利润。

5.2.6　互联网售电服务模式

为了降低交易成本，提升企业竞争力，成熟的电力市场价格对比平台可供消费者选择套餐及变更售电服务。为提升竞争力，并为客户节约时间、提高效率，可通过互联网为客户提供在线缴费、套餐选择及更换服务等功能。目前国内外很多售电公司都已开展了这种业务。客户只需通过网络远程操作就可实现电费缴纳与业务办理。这些业务都是免费的，且相关信息也绝对为客户保密，消除客户的后顾之忧。

采用这种模式有个前提就是要有很多家售电公司，并且每家公司售电价格有所不同。这些比价网站向用户提供的所有服务都是免费的，盈利主要来自有商业合作的售电公司/商家所支付的佣金（合作模式：用户通过比价网更换售电公司/商家，若该售电公司/商家是与网站有合作关系的，则按照协议支付一定佣金），目标客户群为互联网用户。这种模式在英国比较常见。英国电力监管机构 Ofgem 认证授权的比价网站总共有 12 家，其业务范围包括电力、天然气、固定电话、宽带、保险、贷款等，独立于任何售电企业。它们对用户的个人信息以及相关数据绝对保密，不会以任何形式出售，而且比价过程简单迅速，只需输入所在地区邮编即可，比价的排名结果是绝对公平的，且不会受任何影响，也可以向用户提供常见问题解答。

5.2.7　虚拟电厂包月售电模式

想建立大范围虚拟电厂，就要先满足如下几方面条件：首先是拥有众多分布式可再生能源发电设备的控制权；其次是拥有分布式储能设备等一系列灵活性设备；最后还要具备可再生能源的市场化销售机制以及一套为其服务的软件算法。基于此类大范围虚拟发电厂，即虚拟发电厂的电力共享池系统，世界上的其他国家提供了更加新型的售电模式，即虚拟电厂包月售电模式。

在该模式下，加入电力共享池的终端用户能够互相便捷地交易电力。通过各自的分布式储能设备，最大化地使用分布式可再生能源的电力，减少外部购电，从而显著减低用电成本。在德国，已经有几个此类分布式能源社区在运营。德国曼海姆的 Begy 公司，其电价包月套餐是德国能源互联网应用的优秀案例。这是德国第一家推出电价包月套餐的售电公司。用户只需要每个月支付一定额度的电费就能在一个比较大的范围内自由用电。在与客户签订 Beg LIVE 套餐后，公司会帮助客户安装屋顶光伏设备、家用储能设备和电力监控设备，通过将地区内分散的用户和集中式的电力生产设备相连，并利用互联网专业建模软件以及内建的智能软件优化算法调配各家屋顶光伏设备所发电力的消费、剩余发电量的购买和各个储能设备的充放策略，最终在最经济条件下实现电力生产和消费在一定范围内的平衡。这是一种利用虚拟电厂技术的商业模式创新，用户不仅可以通过包月套餐节省电费，而且用上了清洁的电力。作为售电公司，该公司并不准备通过售电服务获取利润，而是通过设备的销售取得盈利。

总体来说，基于虚拟电厂的共享电力模式对设备、通信、计量、算法的要求都十分高，而且必须建立在一定的用户基础上。目前电力大数据分析、机器学习算法等技术在其中都有着很好的应用。在该模式下一旦形成电力共享的闭环，新增用户将会给系统带来更多的稳定性和安全性，这种模式也有着巨大的生命力和发展空间。

5.3　合作伙伴

拓展阅读 5.3
工业园区综合能源服务业务方案探究

综合能源服务商为了完善综合能源商业模式，获取所需资源，提高为客户解决问题的能力，必须发展合作伙伴关系，建立起良好的网络连接，共同创建互利互惠的商业生态圈。企业发展合作伙伴关系，通常包括非竞争者之间的战略联盟关系、竞争者之间的战略联盟关系、开发新业务的合资企业、发展稳定的采购商—供应商合作关系，从而有效促进规模效应、减少风险和获取资源等。与综合能源服务商发展合作伙伴关系的企业（如表 5-1 所示），主要包括能源行业的大企业、非能源行业但为大量客户提供能源相关服务的机构、非能源行业的专业技术企业或者能源行业小微企业三种类型。

表 5-1　与综合能源服务商发展合作伙伴关系的企业

	能源行业的大企业	非能源行业但为大量客户提供能源相关服务的机构	非能源行业的专业技术企业或者能源行业小微企业
举例	大型电力供应企业、大型城市燃气企业、大型节能服务企业、大型能源装备、制造企业等	园区管委会、大型互联网平台企业、大型钢铁集团、大型化工集团、公交集团、房地产企业等	金融企业、环保企业、大数据企业、云服务企业、人工智能企业、建筑设计企业、电力设计院、小型节能企业、小型负荷集成商、家电生产商等
所具备的资源	资质、技术资源、资本资源、客户资源、线下服务能力	客户资源、线上服务能力	技术资源
可能的策略	可能主导或者参与发展	可能主导或者参与发展，但都需要与能源行业的大企业合作	通常不会主导发展，而会参与合作

（1）能源行业的大企业，通常有较好的上游供应能力，在某个专项领域已经具备较强实力，一定程度上具备资质、技术、资本、客户、线下服务能力等资源，可能主导或者参与发展综合能源服务企业。该类企业通过发展综合能源服务，可以增强客户黏性，从而反哺上游业务发展，包括促进上游收入规模的增加、上游收入风险的减少等。这类企业之间存在一定的合作需求，以求快速填补业务空白，例如，售电企业与地方燃气企业的合作，供热企业与分布式能源装备制造企业的合作等。但该类企业之间的合作具有一定的不确定性，因为双方具有业务重合、同质化竞争的可能性，所以通常采取战略联盟、采购商—供应商的合作方式。

（2）非能源行业但为大量客户提供能源相关服务的机构，它们拥有较好的客户资源，但由于在资质、技术、资本等资源方面存在较多空白，难以独立提供综合服务，因此大都需要与能源行业的大企业开展合作，例如，通过合资、战略联盟、采购商—供应商的合作方式成立综合能源服务企业。以大型互联网平台企业为例，它们具有强大的平台流量优势和互动服务能力，通过产品开发、大数据分析、商业模式创新积累了大量经验，可以与能源行业的大企业以战略联盟、采购商—供应商的合作方式提供强互动的综合能源服务。

（3）非能源行业的专业技术企业或者是能源行业小微企业，具有专业服务能力、专利技术资源等，但由于缺乏资质、技术、客户等资源，很难主导发展综合能源服务企业，主要以参与为主。由于综合能源服务企业会提供一定的非能源服务，例如，垃圾处理、碳交易、物业管理、建筑物维护、节水管理、智慧生活、大气治理等，以充分满足客户多元需求、增强客户黏性，因此需要与非能源行业提供专业技术服务的企业合作。另外，综合能源服务企业可与能源行业小微企业合作，如专业节能企业、能源大数据企业等，快速填补资源空白。尤其对于采用开放平台型商业模式的综合能源服务企业，更加倾向于同能源行业的专业技术企业或者能源行业小微企业进行合作。

»本章测试题（扫码答题）

即测即练

第 6 章

国外典型国家和地区综合能源服务发展现状与典型案例

6.1 欧洲

拓展阅读 6.1
欧盟综合能源
系统 2020—
2030 年研发
路线

欧洲是最早提出综合能源系统概念并付诸实践的地区，也是投入最大、发展最为迅速的地区。早在欧盟第五框架中，尽管综合能源系统概念尚未被完整提出，但是有关能源协同优化的研究已经被放在显著位置，如分布式发电、运输和能源项目将可再生能源综合开发与交通运输清洁化协调考虑；Energie 项目寻求多种能源（传统能源和可再生能源）协同优化和互补，以实现未来替代或减少核能的使用；Microgrid 项目研究用户侧综合能源系统（其概念与美国和加拿大所提的 IES 和 ICES 类似），目的是实现可再生能源在用户侧的友好开发。在后续欧盟第六框架（the sixth framework programme for research，FP6）和第七框架（7th framework programme，FP7）中，能源协同优化和综合能源系统的相关研究被进一步深化，Micro-grids and More Micro-grids、Trans-EuropeanNetworks、IntelligentEnergy 等一大批具有国际影响的重要项目相继实施。

欧洲各国除了在欧盟框架下统一开展综合能源系统相关技术研究外，还根据自身需求开展了大量更为深入的有关综合能源系统的研究，如丹麦、英国、德国等。丹麦是全球能效最高的国家之一，经济总量与能耗、水耗和碳排放实现了脱钩。预计到 2030 年，煤炭将退出丹麦电厂的燃料系统，到 2035 年，采暖系统全部转由可再生能源驱动，并逐步向 2050 全面建成零碳社会的战略目标稳步迈进。

从技术层面来看，"区域供暖"和热电联产的广泛使用构成了丹麦绿色高效能源系统的基石。区域供暖是指在热源处集中生产热量，并通过管网将热量传输到热量用户端。"区域"范围可大可小，可以是一个城市、一个地区，也可以是一个小区或建筑群。经过一百多年的发展演变和不断创新，丹麦开发了世界上最为领先的区域供暖技术。

丹麦在 1973 年前曾有超过 90% 的能源供给来自进口石油，但目前其在清洁能源领域已处于世界领先地位，能源完全自给自足。丹麦是全球第一个以 2050 年完全脱离化石燃料为目标（100% 可再生能源）的国家。为了消纳可再生能源，丹麦正奋力研究如何将不同能源系统进行整合，充分开发各种能源资源。图 6-1 给出了丹麦独立供暖系统和区域供暖系统所采用的供暖技术的现状和发展预测。由于地处北欧，热电联产、热泵、电热等供热技术广泛使用，使得丹麦的电力、供暖和燃气系统紧密关联，且互动日益增强。

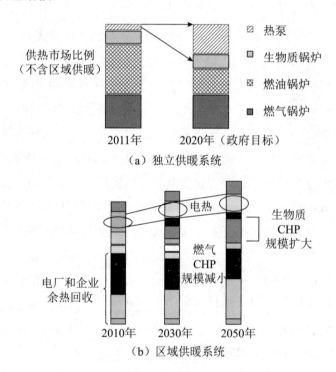

图 6-1　丹麦供暖技术的现状和发展预测

6.1.1　英国

英国能源领域的企业很注重能源系统间能量流的集成。作为一个岛国，英国和欧洲大陆电力、燃气网络的连接仅通过小容量的高压直流线路和燃气管道。英国政府和企业长期以来一直致力于建立一个安全可持续发展的能源系统。除国家层面集成电力燃气系统外，社区层面分布式综合能源系统的研究和应用也得到了巨大的支持，如英国能源与气候变化部和英国创新代理机构 Innovate UK（以前称为 TSB）之间积极建立合作往来，资助了大量区域综合能源系统的研究和应用。宏观层面上，英国也为能源服务机制的构建提供有力的支持。英国能源监管机构支持目前英国国家电网的"网调分离"，并在 2019 年完成分离工作，将国家电网中高压网络运营商职能与调度职能进行分割，避免潜在的垄断可能。

英国曼彻斯特示范工程

曼彻斯特每年在能源上的消耗都要超过 2 亿英镑，尤其是在电力消耗和家庭取暖方面。在曼彻斯特，可再生能源仅占 3%，大部分能源仍采用传统的化石燃料，其中电网损失的能量为 5%～10%。[5]

为了解决能源问题，曼彻斯特大学做了综合能源系统规划和运行方法的研究，集成用户监控终端，开发了综合能源电、热、气、水系统与用户交互平台，并在曼彻斯特得到成功应用。该交互平台从能源利用模式、能源节约策略和需求响应 3 个方面对曼彻斯特能源系统进行了整合，如图 6-2 所示。

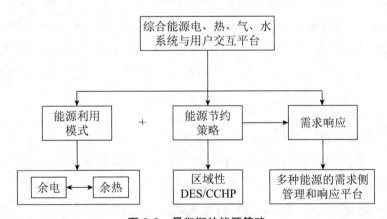

图 6-2　曼彻斯特能源策略

首先，在能源利用模式上，曼彻斯特利用能源之间的转换解决了能源的阶梯利用问题，例如，通过余热与余电的转换利用，实现了能源的高效利用；其次，在能源节约策略上，曼彻斯特通过区域性分布式冷热电联供技术，实现了能源之间的综合协调；最后，在需求响应方面，曼彻斯特通过集成用户监控终端采集底层数据信息，利用多种能源的需求侧管理和响应平台，并结合能源利用模式和能源节约策略，调整能源负荷的运行状态，控制峰谷差值大小，实现削峰填谷。上述 3 个方面的技术应用在一定程度上缓解了曼彻斯特的能源问题。

6.1.2 德国

丹麦和英国的企业注重能源系统间能量流的集成，德国的企业更侧重于能源系统和通信信息系统间的集成。如 2008 年启动的 E-Energy 技术创新促进计划是一个标志性的项目。该项目总投资约 1.4 亿欧元，选择 6 个试点地区进行了为期 4 年的技术创新促进活动。该活动包括智能发电、智能电网、智能消费和智能储能 4 个方面。该项目旨在推动其他企业和地区积极参与建立以新型信息通信技术、通信设备和系统为基础的高效能源系统，进而以最先进的调控手段来应对日益增多的分布式电源与各种复杂的用户终端负荷。使用现代的 ICT 能实现能源供应系统的优化，在可再生能源和通信领域创造更多交叉学科的就业机会，为高科技方案提供新型的市场，以及促进能源市场的自由化和分散化。通过智能区域用能管理系统、智能家居、储能设备、售电网络平台等多种形式开展试点，E-Energy 最大负荷和用电量均减少了 10% ～ 20%。此外，在 E-Energy 技术创新促进计划实施以后，德国政府还推进了 IRENE、Peer Energy Cloud、ZESMIT 和 Future Energy Grid 等项目。

在推进能源消费革命、优化能源消费结构、提高能源利用效率的大背景下，综合能源服务能够促进多品类能源的融合、互补和协同，解决单一能源消费带来的问题。"以综合能源服务为着力点推动能源行业实现高质量发展"成为德国能源发展的重要一环。自 2011 年开始，德国在环境部、经济与技术部等机构的统一领导下，每年追加 3 亿欧元，从能源全供应链和全产业链角度出发，实施对能源系统的优化协调。在此基础上，德国近期关注的重点上升为可再生能源、能源效率提升、能源储存、多能源有机协调等，重在提高能源供应安全方面的问题。

1. 德国RegModHarz项目

2008 年，德国联邦经济技术部启动了 E-Energy 技术创新促进计划，目标是建立一个能基本实现自我调控的智能化电力系统，其中信息和通信技术是实现此目的的关键。E-Energy 技术创新促进计划同时也是德国绿色 IT 先锋行动计划的组成部分。绿色 IT 先锋行动计划总共投资 1.4 亿欧元，包括智能发电、智能电网、智能消费和智能储能四个方面。为了分别开发和测试智能电网不同的核心要素，德国联邦经济技术部通过技术竞赛选择了 6 个试点项目。

在由 E-Energy 技术创新促进计划支持的 6 个涉及能源互联网的项目中，RegModHarz 项目是将新能源最大化利用的典型案例。

RegModHarz 项目开展于德国的哈茨山区，其基本物理结构为 2 个光伏电站、2 个风电场、1 个生物质发电，共 86MW 发电能力。生产计划由预测的日前市场和日内盘中市场的电价及备用市场来决定。RegModHarz 项目的目标是对分散风力、太阳能、生物质等可再生能源发电设备与抽水蓄能水电站进行协调，令可再生能源联合循环利用达到最优。其核心示范内容是在用电侧整合了储能设施、电动汽车、可再生能源和智能家用电器的虚拟电站，包含了诸多更贴近现实生活的能源需求元素，而其中最引人注目的就是将这些分散的新能源发电设备进行虚拟集合、调配，也就是我们所称的"虚拟电厂"（virtual power plant，VPP）。顾名思义，"虚拟电厂"不是具有实体存在的电厂形式，它打破了传统电力系统中物理上发电厂之间，以及发电侧和用电侧之间的界限。

德国联邦经济技术部最终选择 RegModHarz 项目作为"虚拟电厂"示范项目，因为该地区可再生能源供电的比例超过德国其他地区平均可再生能源供电的 2 倍左右。在哈茨地区，总人口约为 24 万人，因为地处山区，风电资源较好。不仅风机在此处较为普遍，抽水蓄能、太阳能、沼气、生物质能以及电动车等都成为电力供应的一部分。在这个面积仅有 2104km² 的区域里，发电装机总量约为 200MW，此外主要有 6 家配电运营商、4 家电力零售商以及 1 家输电商。

虚拟电厂与分散式电源进行通信连接。与原有的传统大型发电厂相比，新能源系统数据变化较快，所以发展安全、稳定性高的传输技术是非常必要的。此项目制定了统一的数据传输标准，使得虚拟电厂对于数据变化能够快速反应。在考虑发电端的同时，虚拟电厂同样关注用电侧的反应。在哈茨地区的试样中，家庭用户安装了能源管理系统，也被称为"双向能源管理系统"（bidirectional energy management interface，BEMI）。

资料显示，用户安装的能源管理系统每过 15 分钟就会储存用户用电数据，记录用户每天的用电习惯，并将这些数据通过网络传输到虚拟电厂的数据库中。同时，当电价发生变动时，BEMI 还可以通过无线控制开关的插座，调控用电时间和用电量。此外，此项目还采用了动态电价，设置了 9 个登记的奖惩制度。零售商将电价信息传送到市场交易平台，用户可以知晓某个时刻的电价等级以及电力来源，以培养用户良好的用电习惯。通过价格的方式进行调控，可以让对电价敏感的用户根据电价的高低调整用电时段。

虚拟电厂使新能源系统与传统的发电系统以及储能系统等进行有效地整合，通过一个控制中心实现管理，从而交互参与到电网运行中。其实际能效和经济效益均要高于单独运行这些电源。与此同时，虚拟电厂也不失为一种有效的响应需求侧的手段。通过在用电侧安装一些装置，比如智能电表，从而设计出符合客户特定用能需求并具有经济性的电源组合，使得供需在发电和用电两侧达到平衡。

此外，在示范区当地，将可再生能源进行销售也是另一种商业模式。随着民众对于可再生能源认同感的增强，虚拟电厂作为协调方，协调发电端和零售商以及最后到用户端之间的交易顺利进行。在德国，越来越多的公司开始进入虚拟电厂领域。除了大公司西门子、博世等传统电力巨头想在通信服务领域占得头筹，更多中小型企业也看中了虚拟电厂未来的发展前景，业务涉及能效管理、节能合约、充电设施服务等。

在虚拟电厂未来的市场中，涌现出更多的服务商。而在整个系统中，那些为电厂运转提供软件、储能设备、电网服务商等各种衍生而出的服务公司甚至咨询公司，毫无疑问，更容易找到市场定位。可再生能源大量接入，引发了电网的波动，对于电网服务商而言，必须对当地电网足够了解，并且应该对未来可再生能源比例提高情形进行模拟。在 RegModHarz 项目中，项目方根据哈茨地区的电网情况设立了一个新的模型，模仿当地分散电源的连接结构，对不同电压等级的电网以及不同比例的可再生能源进行模拟，从而考察不同情境下电压的变化。结果是如果哈茨地区 2020年可再生能源比例达到 38.5%，目前电网结构是依然能够承受的。

在德国，除了哈茨地区 RegModHarz 项目，E-Energy 技术创新促进计划资助的其余 5 个项目，都试图通过先进的互联网、通信技术等，进行电力需求侧管理。德国已经开展试验的项目，均以不同方式根据不同区域用能情况开展。虽然涉及区域较小，模拟情景也不相同，但它们都有一个共同点，就是都在试图寻找互联网与能源消费的融合点。而这一切最基础也最为敏感的因素就是能源产品的价格。

RegModHarz 项目的典型成果包含 3 个方面：

（1）开发设计了基于 Java 的开源软件平台 OGEMA，对外接的电气设备实行标准化的数据结构和设备服务，可独立于生产厂商支持建筑自动化和能效管理，能够实现负荷设备在信息传输方面的"即插即用"。

（2）虚拟电厂直接参与电力交易，丰富了配电网系统的调节控制手段，为分布式能源系统参与市场调节提供了参考。

（3）基于哈茨地区的水电和储能设备调节，很好地平抑了风机、光伏等功率输出的波动性和不稳定性，有效论证了对于可再生能源较为丰富的地区。在区域电力市场范围内实现 100% 的清洁能源供能是完全有可能的。

2. 欧盟ELECTRA示范项目

ELECTRA 示范项目的目标是实现大规模可再生能源的充分利用，争取在 2030年实现欧洲智能电网的稳定运行。针对不同规模、不同电压等级的电网，从运行控制、储能技术、电力市场机制等多个方面展开研究。项目组涵盖了 RSE、AIT 等 20 多个欧洲研究机构，整体研究思路是以分层分布式的控制策略代替传统的集中控制，提出以"网元互联"的概念协调各种分布式能源的接入与就地平衡。网元定义包含主动负荷、分布式能源与储能单元的既定区域。在运行控制方面，该项目利用网元互联构成的网络实现分层分布式控制。在中压网络层面，侧重电压与频率的控制；在用户层面，根据建筑物冷热电负荷规律、数量以及供能设备运行情况实现不同系统运行方案的切换，优化冷热电三联供系统的部件匹配和参数匹配，达到不同运行工况的多目标优化。在储能技术方面，针对不同容量及不同时间尺度的控制策略进行了划分，通过需求侧管理实现储能与分布式能源的综合优化、削峰填谷等。电力市场机制作为上述技术研究的基础，应制定合适的激励机制以促进新技术的应用。

6.2　日本

"能源基本计划"是日本中长期能源政策的指导方针。受 2011 年日本大地震和福岛核事故的影响，日本政府于 2014 年 4 月制订《第四次能源基本计划》，强调要降低对核能和化石能源的依赖程度，提高可再生能源的使用率。根据国际减排框架《巴黎协定》，日本《第五次能源基本计划》提出了到 2050 年实现从"低碳化"迈向"脱碳化"的能源转型任务，以构建多维化、多元化以及韧性好的能源供需体系为目标。

日本能源政策在长期实践中所形成的指导思想是"3E+S"原则，即以能源安全性为前提，把能源稳定供给放在首位，在提高经济效率实现低成本能源供给的同时，实现与环境的协调发展，即安全性、稳定性、经济性与环保性的平衡统一。在安全性方面，强调安全优先的前提下，要贯彻通过技术创新和治理结构变革来保障新能源的安全；在稳定性方面，要提高资源自给率，同时注重提高技术的自给率，以确保能源选择的多样性；在经济性方面，要降低供给成本，同时考虑强化日本产业竞争力的因素；在环保性方面，2030 年温室气体排放要比 2013 年削减 26%，到 2050年则要削减 80%，由"低碳化"向"脱碳化"迈进。

《第五次能源基本计划》把可再生能源定位为主力能源，提出将解决"可再生能源成本高于国外以及发电量易受天气影响"等问题，并要求充分利用现有输电线路，推进可再生能源发电的并网，计划到 2030 财年将可再生能源发电占比提高到22%～24%。计划还提出，要加强利用氢气能源，把多余电力转换为氢能加以储存，与输出功率不稳定的可再生能源形成补充。日本经济产业省认为，未来如果过于偏重某一类电力来源将带来巨大风险，表示将继续推进核电与高效火力发电的技术研发，核能发电在 2030 财年仍将维持 20%～22% 的占比。

为改善能源结构，减轻对石油的依赖，提高能源供应安全性，日本对能源的协调管理与优化开展了长期研究，形成了独具特色的能源发展之路。与美国设立能源部对能源开展协调管理不同，日本在经济产业省下设资源和能源厅来对煤炭、石油、燃气、新能源等行业进行一元化的管理，在能源发展战略上，特别强调不同能源之间的综合与协调。资源和能源厅的主要职责包括，编制能源基本规划草案及各类能源发展计划，统一管理电力、天然气、石油等各能源产业的市场运作，制定新能源的发展战略与目标，促进新能源的推广使用等。虽然日本能源管理机构层次相对简单，但由于资源和能源厅的上级管理部门经济产业省掌控着制定经济与产业发展的方向，所以能够有效促进能源发展战略目标的贯彻与执行。因此，日本单位能源消耗所创造的国内生产总值一直居国际领先水平。

日本的能源严重依赖进口，因此日本成为最早开展综合能源系统研究的亚洲国家，并希望通过该领域的技术创新进步，缓解其能源供应压力。2009 年 9 月，日本政府公布了其 2020 年、2030 年和 2050 年温室气体的减排目标，并认为"构建覆盖全国的综合能源系统，实现能源结构优化和能效提升，同时促进可再生能源规模化开发"，是实现这一目标的必由之路。在日本政府的大力推动下，日本主要的能源研究机构都开展了此类研究，并形成了不同的研究方案，例如，由 NEDO 于 2010 年 4 月发起成立的 JSCA（Japan smart community alliance），主要致力于智能社区技术的研究与示范。智能社区类似于加拿大 ICES 方案，是在社区综合能源系统（包括：电力、燃气、热力、可再生等）基础上，实现与交通、供水、信息和医疗系统的一体化集成。Tokyo Gas 公司则提出更为超前的综合能源系统解决方案，在传统综合供能（电力、燃气、热力）系统基础上，还将建设覆盖全社会的氢能供应网络，同时在能源网络的终端，不同的能源使用设备、能源转换和存储单元共同构成了终端综合能源系统，如图 6-3 所示。

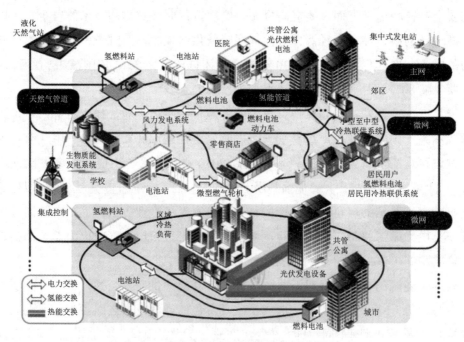

图 6-3　综合能源系统

资料来源：封红丽.国内外综合能源服务发展现状及商业模式研究 [J]. 电器工业，2017，6:34-42.

作为日本的政治、经济和文化中心，东京以 2020 年奥运会为契机，提出了以"世界第一的城市——东京"为主旨的长期发展愿景，针对 2 个基本目标，制定了 8 大城市战略和 25 个政策方针，其中之一即为构建智能能源城市。为此，东京都政府推出了"智能能源区域形成推进事业"的补助制度，2015—2019 年预计投入 55 亿日元，补助热电融通网络及热电联产等项目的初期投资费用。日本智慧城市建设过程中有以下特点：

（1）注重整合多个企业、多种行业力量综合发挥作用。为了提高能源利用效率的目标，必须有整体开发和系统性思维，通过每个企业的单打独斗很难实现。在柏之叶智慧城市建设过程中，就极大地调动了包括擅长城市开发的三井不动产、以节能技术为主的日立电器、以精密测量为主的国际航业、以建筑设计知名的日建集团等 20 多家专业企业共同参与，成立了多方参与的"城市设计中心"，其中有千叶县、柏市政府、东京大学研究所、千叶大学研究所和当地居民参与建设的 27 个企业。以系统整合的方式，从电动汽车、能源、住宅、交通、物流等各种硬件、软件技术，以及智能操作管理系统的综合服务管理功能等方面，全面实现了智慧和低碳的各项技术应用。

（2）通过智能手段的运用，降低使用成本。柏之叶智慧城市进行全国系统性解决方案首次尝试，例如，在 2.7km² 的城区内，建设统一的智能数据收集中心，将城区内所有建筑的用电量、用水量、周边电车运营数据整合，然后将各种预报信息为租房户免费提供。这样可以统一调配城区内不同建筑物的资源情况，并综合平衡分配用电量，降低租户使用成本。例如，办公楼工作日是用电高峰，居住区和商业区周末是用电高峰，就可以将两者之间的多余电量调剂平衡。

（3）通过市场力量形成合力，推动政府改善管理。日本的智慧城市首先是靠市场推动的，在市场运行到一定程度，政府的社会服务开始介入。在柏之叶市，最开始由三井地产整合企业资源，形成了智慧社区的管理模式，下一步政府将介入，把这个模式扩大到周边地区，包括东京大学新校区。智慧城市建立的节能减排系统，也倒逼了日本政府全方位取消能源价格核准机制。能源供应的完全市场化，也为家庭和社区通过智能管理降低成本创造了条件。

6.2.1　东京燃气熊谷分社热融通网络

根据日本于 2008 年修正的节能法，2000m² 以下中小规模楼宇需要进行节能改造。在此背景下，东京燃气熊谷分社（建于 1984 年，建筑面积 1400m²）和相邻的宾馆（建于 1986 年，建筑面积为 8940m²）于 2009 年进行了协同节能改造，通过构建热融通系统，确立了新型能源面域利用模式。

如图 6-4 所示，改造前，熊谷分社大楼屋顶已安装有太阳能集热器（72m²）、太阳热驱动吸收式制冷机 35.2kW 和燃气吸收式冷温水机 141kW，本次改造新设光伏发电系统 5kW 和基于燃气内燃机的热电联产设备 25kW。

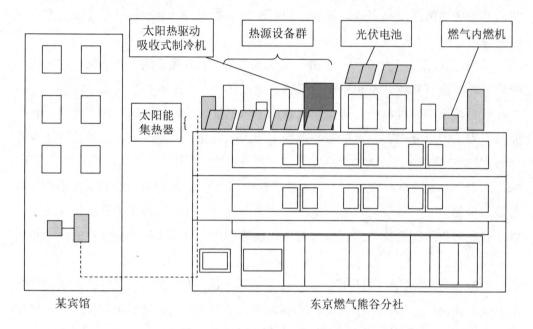

图 6-4　东京燃气熊谷分社热融通网络

如图 6-5 所示，熊谷分社电负荷由光伏系统和内燃机供应，冷热需求由太阳能集热器和内燃机产生的余热供应。根据办公建筑用能特点，燃气公司大楼春秋两季热需求较少，其他季节的非工作时间和双休日热需求也较少，会产生多余热量，而相邻宾馆则具有全年较稳定的热需求。

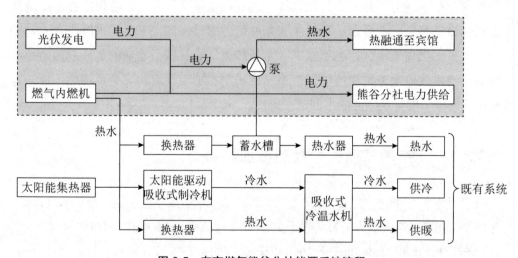

图 6-5　东京燃气熊谷分社能源系统流程

因此，通过在两栋大楼之间安装热融通管道，可将熊谷分社太阳能集热器产生的余热融通至临近宾馆，以实现热能的最大限度利用，避免损失。若太阳能集热器产生的热量不够，可由热电联产机组回收余热供应，从而节约能源且减少温室气体排放。据估计，通过上述改造，两栋建筑可实现年减排二氧化碳 11t。

6.2.2　大阪市岩崎智慧能源网络

大阪市岩崎地区拥有京瓷大阪体育场、永旺百货等大型设施。该地区早在 1996年便建有岩崎能源中心，对区域内 13 家用户供热供冷。2013 年开始，利用区域内热电联产系统作为特定电气事业，对 5 家用户供电。在区域内实现冷热电联供的同时，利用互联网技术实施需求侧响应，确立了智慧能源网络架构。

如图 6-6 所示，岩崎能源中心由 1 个主站和 3 个分站构成，主站配有燃气直燃机、余热回收型吸收式制冷机、电制冷机、热水锅炉等。分站 1 位于 ICC 大楼内，设置有燃气内燃机和余热回收型吸收式制冷机，其产生的余热除自身使用外，亦可融通至主站。分站 2 位于地铁站附近，设置有燃气直燃机和燃气锅炉。分站 3 设置于 2015 年开业的大阪燃气公司宣传体验设施"hu+g"博物馆内，设置有余热回收型

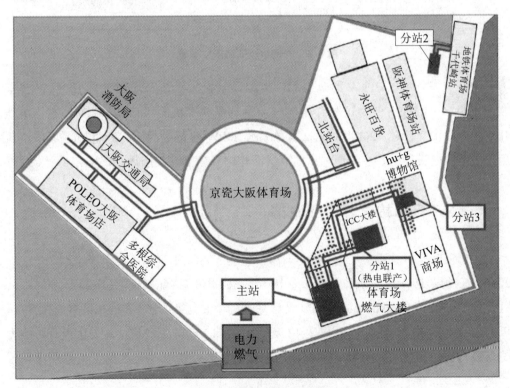

图 6-6　岩崎智慧能源网络

吸收式制冷机,其热源来自大楼内热电联产系统产生的余热以及太阳热,剩余部分可以融通至主站。除上述各能源站外,区域建筑自身亦配置有不同类型的分布式能源系统,具体情况如图 6-7 所示。

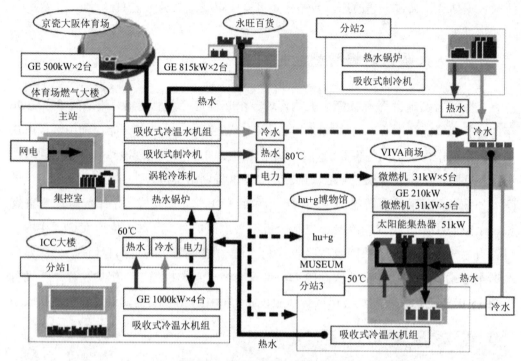

图 6-7 岩崎智慧能源网络配置

永旺百货配有 1630kW 的热电联产机组,京瓷大阪体育场配置有 1000kW 热电联产机组,"hu+g"博物馆配有停电对应型热电联产机组 420kW、SOFC 燃料电池 4kW、太阳能集热器 120kW、光伏发电系统 20kW 和蓄电池 50kW·h。区域内建筑用户与能源站进行电、热融通,从面域层面构建高效能源利用体系。

6.2.3 日本柏之叶智慧城市

"柏之叶校园城市"是 2011 年日本内阁府指定的 11 个"环境未来城市"之一。2016 年获得美国绿色建筑协会颁发的国际性绿色环境认证制度"LEED 认证"中社区开发(neighborhood development)认证最高的"铂金级认证",这在日本尚属首次。以柏之叶创新校区为中心的面积达 42 万 m²。"LEED 认证"是世界公认最有影响力的建筑与城市街区可持续性评估标准,标志着柏之叶街区建设达到了世界顶级环境性能。

目前，柏之叶已经实现了区域能源管理一体化。柏之叶智慧城市运用了区域能源管理系统，整个区域的能源信息被集中起来进行统一处理，进而把简单的节约能源发展成为能源循环与能源储备。另外，区域还设置了备用蓄电池设备，容量约为普通备用蓄电池的 3000 倍。其在电力充裕时或用电低谷期可储存电能，在用电高峰期供应给写字楼，节假日供应给商业场所，并且在紧急情况发生时优先供电给用户住宅区使用，有效地将电力提供给需求侧。区域能源管理系统作为柏之叶智慧城能源系统的核心，还可与楼宇能源管理系统和家庭能源管理系统进行信息交换，如图 6-8 所示。从服务和满足家庭、社区需求出发，通过使用各种现代技术减少家庭、社会的能源消费开支，提高能源资源的利用效率。重点通过可再生能源的开发和利用，推广能源资源需求的智能化、可视化管理。比如：通过用电量、燃气、用水量的可视化图像或数字表达提醒人们节约使用；利用太阳能、甲烷气体、地源热泵发电，开发储存转换系统供应家庭生活应急用电；通过智能交通管理系统帮助人们选择更节能的出行方式等。

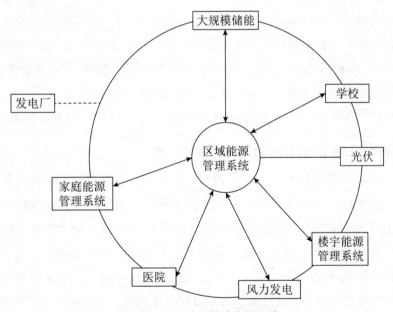

图 6-8　柏之叶智慧城能源系统

在柏之叶智慧城市，除利用可再生能源与蓄电池实现能源的自产自销与二氧化碳排放量的大幅度削减外，还致力于积极研发能源创新技术。能源创新技术从如何利用二氧化碳角度出发，是一种将二氧化碳转化为新能源的技术，即在太阳光、新型催化剂、常温常压等反应条件下，二氧化碳可以与水反应转化为甲烷和乙烯，这种新型能源技术能够实现碳排放量减半。

1. 以人为本，使生活更方便、更舒适为重点

日本的智慧城市建设，很多技术直接针对家庭和人的生活习惯，与人的需求贴合紧密，生活实用性较强。例如，采用能源消耗可视化软件，方便需求管理。通过卡通冰块面积的变化显示家庭总用电量，很直接，小孩子都可看懂；通过智能操作系统，在离开房间后可自动断电，3 秒内自动启用，外出状态下也可提前调控空调；利用 IC 磁片人体感应器控制办公位空调温度调节系统，人走到哪个区域，相应区域的空调就会自动调节至之前设定的温度；将电动车的充电系统与家庭电网对接，便于人们把车里多余电量供给家庭应急使用。

2. 以民营企业推动为主，更加注重把握市场需求

包括丰田、松下电器、日立、东芝集团、三井不动产等在内的民营企业，在日本能源资源紧张和能源价格市场化的大背景下，基于自身专业技术，均以开发减少能源资源节约的综合智能解决方案为重点，综合考虑降低成本、实现多样性选择、服务家庭社会需求。例如，松下电器在腾泽市打造的可持续智能城市，丰田汽车在丰田市内打造的智能低碳示范小区，以三井不动产为主要代表的柏之叶智慧城市等，均是以民营企业为主推动的系统性智慧项目。在柏之叶智慧城市，通过智能终端系统，可以将每个家庭、每栋楼、整体社区的预测用电量和实际使用量信息及时传递给业主，便于家庭和社区的自我管理。对于节约用电量超过一定标准的家庭，按照节能分值发放可兑换社区内商店的地域贡献积分，由此提高了居民节约用电的积极性。

3. 探索智慧城市和社区更广泛的服务路径

柏之叶市提出智慧城市三大建设理念：环境共生，健康长寿，新产业创造。柏之叶市细化地域能源一元化管理、低碳型交通体系、地区医疗养护网络、创造个体价值的社会参与、开发个人创业空间等 9 大具体应用主题，充分体现政府、企业和社区在环保和公共安全方面的关注、居民在个人健康和创业的利益诉求、学术研究机构对研发空间的需求。这些信息为开发企业建造有吸引力的城区提供了非常大的帮助，使得智慧城市的概念从低碳、降低能源消耗转向更多的社区服务内容。

拓展阅读 6.2
日本分布式能源实践对我国的启示

6.3　澳洲

澳大利亚煤炭资源丰富，煤电是其重要供电来源，但其煤电设施相对老旧低效，供电成本偏高，难以满足现在电力系统现代化和高灵活性的需求。据调查显示，2020 年澳大利亚将近一半的煤电厂服役年限已经满 30 年。2017 年以来，多个大型煤电厂因经济性不足而关闭。2018 年年底，在澳大利亚政府能源委员会（COAG Energy Council）的指导下，相关政策制定者和市场监管者启动了"2025 年后电力市场设计"（Post 2025 Market Design）的改革研究。同短期的应对性策略相比，该改革从更宏观的层面考虑面对高比例可再生能源和分布式的系统，电力系统的哪些环节应打破垄断经营，放开市场化；以及未来市场应以更加集中式的运营方式为导向，通过统一规划和市场来为清洁能源和用户提供更加多样的服务，或者是基于澳大利亚地广人稀的特点，将电力系统向着更加分散式的方向发展，鼓励微电网的建设，小范围内满足各项电力服务需求。

2016 年 10 月，全球首个专为沙漠农场供给清洁能源的商业化光热发电项目在南澳大利亚正式投运，该项目由丹麦 Aalborg CSP 公司负责，专门开发了一套基于光热技术的综合能源系统。该系统能够为农作物生长提供多种能源（包括热、电和海水淡化水），这在全世界范围内尚属首次。和世界上其他只单一产出一种能源（比如电能）的光热电站不同，该集成能源系统能满足多种能源需求，实现了太阳资源利用最大化。在沙漠地区安装的超过 23 000 个定日镜（由电脑控制的镜子）负责收集太阳光线，并将太阳光线反射至高达 127m 的集热塔的顶端。太阳能的聚集会产生超高温度，在冬天，这些高温将为温室中的作物提供充足热能。在夏天凉爽的夜晚，通过净化从附近 5km 的 Spencer 海湾引入的海水为温室提供淡水。该系统还会利用产生的高温蒸汽驱动蒸汽轮机来生产温室所需的电能。该集成系统的能量生产会根据温室对能量需求的季节性变化而相应变动，以实现全年能源成本的最低化。除了能够提供比传统能源更具成本优势的能源选择外，该系统也将对绿色世界的建立做出突出贡献。据估算，该系统投运后每年可减排二氧化碳 16 000t，相当于每年马路上有 3100 辆汽车消失。

6.4　美国

在管理机制上，美国能源部作为各类能源资源最高主管部门，负责相关能源政策的制定。而美国能源监管机构则主要负责政府能源政策的落实，抑制能源价格的无序波动。在此管理机制下，美国各类能源系统间实现了较好协调配合，同时美国的综合能源供应商得到了较好发展，如美国太平洋煤气电力公司、爱迪生电力公司等均属于典型的综合能源供应商。

在技术上，美国非常注重与综合能源相关理论技术的研发。美国能源部在 2001 年即提出了综合能源系统发展计划，目标是提高清洁能源供应与利用比重，进一步提高社会供能系统的可靠性和经济性，其重点是促进对分布式能源和冷热电联供技术的进步和推广应用。

2007 年 12 月，美国颁布《美国能源独立和安全法》，明确要求社会主要供用能环节必须开展综合能源规划，并在 2007—2012 财年追加 6.5 亿美元专项经费支持综合能源规划的研究和实施，奥巴马总统在第一任期，就将智能电网列入美国国家战略，以期在电网基础上，构建一个高效能、低投资、安全可靠、灵活应变的综合能源系统，以保证美国在未来引领世界能源领域的技术创新与革命。在需求侧管理技术上，美国包括加州、纽约州在内的许多地区在新一轮电力改革中，明确把需求侧管理提高电力系统灵活性作为重要方向。

OPower 公司通过自己的软件，对公用事业企业的能源数据，以及其他各类第三方数据进行深入分析和挖掘，进而为用户提供一整套适合于其生活方式的节能建议。截至 2015 年 10 月，根据 Opower 网站上的动态信息，其已累计帮助用户节省了 82.1 亿 kW·h 的电力，节省电费 10.3 亿美元，减排二氧化碳 121.1 亿 Lb，随着用户规模逐渐增大，这些数据均以加速度在增长。

（1）提供个性化的账单服务，清晰显示电量情况。OPower 公司利用云平台，结合大数据和行为科学分析，对电力账单的功能进一步拓展。一方面，具体针对用户家中制冷、采暖、基础负荷、其他各类用能等用电情况进行分类列示，通过柱状图实现电量信息当月与前期对比，用电信息一目了然；另一方面，提供相近区域用户耗能横向比较，对比相近区域内最节能的 20% 用户耗能数据，即开展邻里能耗比较。此外，OPower 的账单改变了普通账单以往单调、刻板的风格，在与用户沟通界面上印上"笑脸"或"愁容"的图标，对于有效节能的行为给出鼓励的态度。其与用户沟通的方式也十分丰富，通过最传统的纸质邮件，到短消息、电子邮件、在线平台等，加强与用户的交流反馈。

（2）基于大数据与云平台，提供节能方案。OPower 基于可扩展的 Hadoop 大数据分析平台搭建其家庭能耗数据分析平台，通过云计算技术，实现对用户各类用电及相关信息的分析，建立每个家庭的能耗档案，并在与用户邻里进行比较的基础上，形成用户个性化的节能建议。这种邻里能耗比较，充分借鉴了行为科学相关理论，将电力账单引入社交元素，与"微信运动"的模式十分类似，为用户提供了直观、冲击感较强的节能动力。

（3）构建各方共赢的商业模式。虽然 OPower 的目标是为用户节电，但其自我定位是一家"公用事业云计算软件提供商"，其运营模式并不是 B2C 模式（企业对终端消费者），而是 B2B 模式（企业对企业）。电力企业选择 OPower，购买相关软件，并免费提供给其用户使用。OPower 为用户提供个性化节能建议，同时也为公用电力公司提供需求侧数据，帮助电力公司分析用户电力消费行为，为电力公司改善营销服务提供决策依据等。

拓展阅读 6.3
埃德蒙顿
HSBC Place
改造工程

▶▶ **本章测试题（扫码答题）**

即测即练

第 7 章

我国综合能源服务典型案例

7.1 电能替代案例

拓展阅读 7.1
新疆首个适应
新型电力系统
构建需求的低
碳示范园区

电能具有清洁、安全、高效等优势，电能的利用效率可达石油的 3.2 倍、煤炭的 17.3 倍，即 1t 标准煤当量的电力所创造的经济价值与 3.2 倍的标准煤当量的石油、17.3 倍标准煤当量的煤炭创造的经济价值相同。[6]电能占终端能源消费的比重每提升一个百分点，单位 GDP 能耗将下降 4% 左右。电能替代是指在终端能源消费环节，使用电能替代传统能源消耗中的煤、石油、天然气等化石能源的方式。电能作为一种高利用效率的能源，其广泛使用有助于提高能源利用率，优化能源结构，进一步降低污染从而促进生态文明建设。现阶段，在环境治理和能源革命的双重压力下，我国电力及能源市场将迎来重大转型。进一步提高电能在终端能源中的消费占比，大力推广电能替代已经成为国家战略。

电能替代的主要措施为"以电代煤""以电代油"和"以电代气"。可通过提高电能在一次能源消费中的比重，来提高能源使用效率，降低排放和单位耗能成本。国内外在推广电能替代方面已经拥有了丰厚的成果，常用的电能替代方式有：推动新能源汽车可持续发展、推广使用节能高效空调、激励智能家电消费、推广港口岸电应用、电锅炉替代传统锅炉、规划布局能源综合利用、加快新技术研发等，本节将列举国内电能替代方面的典型案例。

7.1.1　广东电网电动汽车充电站案例

1. 项目概况

本项目为广东省珠海市海虹路公交巴士充电站的基础设施配套工程。海虹路公交站是珠海市香洲区的一座枢纽公交站，共运营公交线路 9 条，单班次公交运行路线约 300km。为了响应珠海市政府的新时代发展理念，降低污染排放，通过使用电动公交车代替传统汽、柴油公交车，提高电能在第三产业的占比来实现电能替代在公共交通方面的应用。

本项目技术类别为电能替代，由珠海市供电局投资，交予公交集团运营。本项目投资 844 万元，项目年收益 574 万元，静态回收期 2.3 年。本项目年替代燃油量821.3 万 kW·h 当量电能，年增加电费 647.2 万元，项目建成后将减少本地二氧化碳排放量约 3240t，减少二氧化硫排放量约 144t，减少氮氧化物排放量约 43t，减少碳氢化合物和颗粒悬浮物排放量约 59t。[7]

2. 设计思路与技术方案

项目规划建设一座包括配电系统、充电设备以及其他铺设设施的电动公交车充电站。其中供配电系统将包括电力高压线缆、变电站以及开关柜，充电设施将包括交直流转换装置和充电箱。[8] 其整体电力系统框架如图 7-1 所示。该充电站计划将附近的 10kV 华海开关站作为电能的供应源，通过 10kV 高压线缆将开关站与海虹新村 2 号开关箱相连，之后再接入充电站。通过充电站内设置的 800kVA 箱式变电站将10kV 降压成 0.4kV，再通过低压线缆连接到充电设备的整流装置上，将其整流为充电桩所需的电源格式，再通过直流电缆送至对应的充电桩向电动公交车充电。

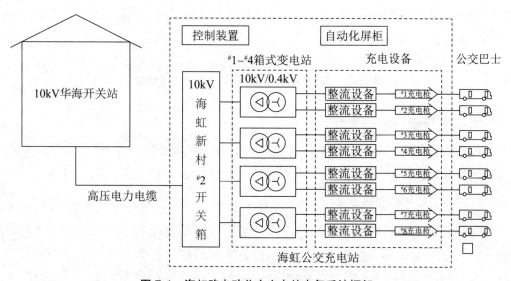

图 7-1　海虹路电动公交充电站电气系统框架

该充电站内共设有 8 个充电桩，每套充电桩配备有两条直流充电线缆，该充电桩可以同时向两台公交车进行普通充电，也可以将两条线缆连接到一台公交车上进行快速充电。充电站内共配备 4 台 800kVA 箱式变电站，每台变电站拥有一台 10kV 进线开关柜和两台 0.4kV 出线开关柜，可以同时向两台充电桩供电。此外，该变电站还配备有计量柜、变压器和无功补偿设备。充电站内配备有充电检测系统和控制大屏，可以用于检测在站内进行充电的车辆状态，充电站内其他二次设备的电源由一台箱式变电站提供。该系统的电气系统接线图如图 7-2 所示。

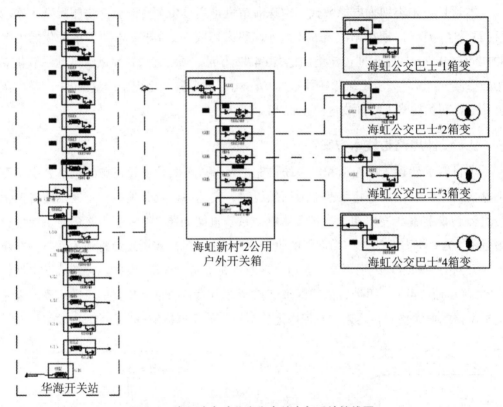

图 7-2　海虹路电动公交充电站电气系统接线图

3. 数据分析与项目收益

传统燃油公交车的运营成本主要受燃油价格、运营时长与线路等方面的影响，其运营成本假设只包含燃油费用，则可以使用式（7-1）进行估算。

燃油公交车年运营成本 = 车辆数 × 线路数 × 运行公里数 × 油耗 × 油价（7-1）

海虹路公交站目前有 9 条线路参与运营，每条线路安排 8 辆公交车，平均每条线路每辆公交车每天需要运行 250km，公交公司使用的公交车 100km 的油耗为 35L。假设汽油单价为 7 元 /L，则使用燃油公交车年运营成本如式（7-2）所示。

$$燃油公交成本 = 9 \times 8 \times 2.5 \times 35 \times 7 \times 365 = 1609.65 \ 万元 \tag{7-2}$$

根据国家推广节能减排和电能替代相关政策，采用电动公交车后，电动公交车的充电将使用补贴电价，即 0.6805 元 /kW·h。此外根据大工业度电成本，在按照补贴电价收取用电费用的基础上还需要收取每月 23 元 /kVA 的基本电费，次之根据珠海市供电局的标准还需要收取 0.7 元 /kW·h 的充电服务费。采用电动公交车后，假设其运营成本只包含用电费用，公交公司使用的电动公交车 100km 电耗为 125kW·h，其他均与燃油车相同，则运营成本可以使用式（7-3）进行计算。

$$\begin{aligned}
电动公交车成本 &= 车辆数 \times 线路数 \times 运行千米数 \times 电耗 \times 电价 \\
&= 9 \times 8 \times 250 \times 125 \times (0.6805 + 0.7) \times 365 + 23 \times 3200 \times 12 \\
&= 1222.05 \ 万元
\end{aligned} \tag{7-3}$$

根据上述计算，海虹路公交车站在采用电动公交车后每年将节省燃油费用约 387.6 万元，运营成本下降 24%。

从综合能源服务商也就是珠海市电网公司的角度来看，海虹路公交充电站每年将产生约 821 万 kW·h 的电量，按照 0.7 元 /kW·h 的充电服务费计算，该项目将给珠海市供电局带来每年约 574 万元的收益。本项目由供电公司投资，共计 844 万元，项目资金来源为 25% 的自有和 75% 的贷款，贷款利率为 4.9%，项目建设期为 4 个月，运营周期为 300 个月，年运行维护费率为固定资产原值的 2.5%，城市维护建设税率为 7%，教育附加税率为 3%，投资回收期为 2.29 年。

在环保方面，传统燃油公交车尾气中含有二氧化碳、二氧化硫、氮氧化物以及颗粒悬浮物等污染物，采用纯电动公交车后将实现污染物零排放。每台电动公交车每年可以减少二氧化碳排放 45t，减少二氧化硫排放 2t，减少氮氧化物排放 0.6t，减少碳氢化合物和颗粒悬浮物 0.82t。考虑到整个海虹路公交站的 9 条线路共计 72 台公交车，则项目完成后该公交站将每年减少二氧化碳排放 3240t，减少二氧化硫排放 144t，减少氮氧化物排放 43.2t，减少碳氢化合物和颗粒悬浮物 59.04t。

4. 综合效益评价

将传统燃油公交车替换为新型电动公交车是未来我国公共交通行业的大势所趋。电动汽车相比于燃油汽车甚至燃气汽车，无论从性能还是降低污染物排放方面都拥有更大的优势，其更符合我国的环保要求以及未来的能源发展战略。由于电能的能源利用效率比其他化石能源高，因此本项目的投运大幅度提高了能源利用效率和节能环保优势，这为珠海市公交公司和电力公司带来了良好的经济效益。本项目配合政府开展了电能替代的示范工作试点，通过"以电代油"的方式，用电动公交车代替传统燃油公交车，降低了污染物的排放，达到了节能减排的效果。作为综合能源服务商的珠海市供电公司也通过本项目积累了相关经验，进一步促进了电动汽车在珠海市的推广，取得了良好的社会效益。本项目获得了广东电网公司优质工程金奖、南方电网公司年度基建工程优秀设计奖以及中国南方电网优质工程奖。

7.1.2　山东德州电锅炉采暖案例

1. 项目概况

本项目为山东省德州市电业局办公与家属楼冬季采暖改造项目，总建筑面积 24 000m²，包括综合办公楼一幢、家属楼四幢，均采用末端供暖形式，其中办公楼使用风机暖管，家属楼采用传统暖气片供暖，热源为燃煤锅炉。鉴于现阶段环保力度加大，尽快淘汰传统小容量燃煤锅炉，改用低污染的电锅炉将更符合国家关于"煤改电"的要求。但是大量使用电锅炉会导致用户供暖成本增加，以及电网负荷加重、峰谷差变大，对电网的安全运行造成影响。因此，使用带有蓄热装置的电锅炉可以有效解决这一问题，在夜间谷电时期可以使用廉价低谷电价将热能储存起来，在白天高峰时期进行释放，可以有效实现电能的移峰填谷，同时也降低了锅炉的用电成本，使系统的经济性得到了提升。

2. 设计思路与技术方案

设计供暖系统需要对供暖系统的热源容量进行估算，首先要将该项目的采暖热负荷计算清楚，根据《民用建筑供暖通风与空气调节设计规范》（GB50736-2012）以及该项目中的建筑类型和保温情况确定出了本项目中的热负荷指标[9]，见表 7-1。

表 7-1　项目采暖热负荷计算表

建 筑 类 型	建筑面积 /m²	热指标 /(W/m²)	热负荷 /kW
办公楼	7200	45	324
住宅	16 800	40	672
总计	24 000	—	996

此外，根据山东省德州市历年的气象数据，在采暖季的每日逐时平均温度曲线中，将室外温度在 ±0.2℃ 范围内的曲线按照逐时温度取平均值计算逐时热负荷，从而得到热负荷的逐时设计参数，如图 7-3 所示。

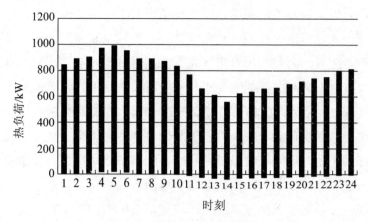

图7-3 热负荷逐时设计参数

根据居民楼和办公楼的实际供暖需要，本供热系统将分为如下三种运行方式：

1）供暖同时蓄热

供暖同时蓄热工作模式主要在夜间谷电时段启用。根据山东省德州市一般工商业电价规定，谷电时段为23:00至次日凌晨7:00，此时段电价为0.406 85元/kW·h。此时段将启用电锅炉对用户进行供热，同时将多余的热量储存在相变储热装置中供日间使用。

2）蓄热装置独立供暖

蓄热装置独立供暖模式主要在峰电时段启用，峰电时段为8:30至11:30以及16:00至21:00，此时段电价为1.0902元/kW·h。该时段不开启电锅炉，用户供暖由相变储热装置独立提供。通过控制回路的三通阀调节回路水温，从而尽量延长蓄热装置的供热时间，提高系统运行经济性。

3）电锅炉独立供暖

电锅炉独立供暖模式一般工作在蓄热装置充分放热，预热达不到供暖温度需求后，此时将蓄热装置从供暖回路中断开，通过电锅炉独立供暖。该模式一般工作在平电时段，即7:00至8:30、11:30至16:00以及21:00至23:00，此时段电价为0.7489元/kW·h。该时段通过电锅炉独立进行供暖，等进入谷电时段之后再将蓄热装置并入供热回路进行蓄热。

根据上述的三种运行方式，采用最大热负荷对锅炉和蓄热系统进行选型，根据图7-3的热负荷逐时设计参数图可以看出，最大热负荷出现在凌晨5:00，达995kW；蓄热装置工作在谷电时段，蓄热负荷为750kW。锅炉选型总负荷为建筑最大热负荷与蓄热负荷之和，为1745kW。假设锅炉效率为98%，则锅炉设计负荷为1781kW。根据上述分析，本项目选用两台900kW的微压电热水锅炉。

相变蓄热装置的选型不仅要考虑满足热负荷需求，还要考虑实际安装空间等要素的影响。鉴于本项目的改造资金有限，再加上实际安装空间狭小，必须使用导热性能更优的储能装置，因此本项目将优先考虑满足峰电时段的用热需求，储能装置的容量设置为 6000 kW·h，通过谷电运行来降低供热系统的运行成本。

在实际运行上，电锅炉的供水温度设置在 90℃，相变蓄热温度设置在 95℃，这样可以防止汽化从而保证系统安全。在供暖同时蓄热的工作模式下，通过将设定好的用户侧回路的水温与回水温度进行对比，自动调节锅炉侧的循环水量，将用户侧供热温度维持在一个稳定的区间内，同时将多余的热量接入蓄热装置储存起来以供峰电时段使用。在蓄热装置独立供暖工作模式下，电锅炉是不运行的，只作为循环管路中的一部分，由蓄热装置单独进行供暖，当回水温度低于设定好的温度时，说明蓄热装置中储存的热量已经消耗完毕，此时可启动电锅炉进行供暖。在电锅炉独立供暖模式下，相变蓄热装置将从循环管路中隔离，单独由电锅炉进行供暖。

3. 数据分析与项目收益

通过选用某年正常运行日的数据进行分析，当日运行参数如表 7-2 所示。

表 7-2　某年正常运行日参数

室外气温 (℃)	全天用电量 (kW·h)	峰段用电量 (kW·h)	平段用电量 (kW·h)	谷段用电量 (kW·h)	供热量 (MJ)	锅炉效率
-6～4	18 800	228	6426.8	12 145.2	64 296	95%

该日的实际运行状态情况为：前一日 23:00 至当日 6:00，开启锅炉进行供暖同时蓄热；6:00，回水温度达到设定值后蓄热装置关闭，运行模式变为电锅炉独立供暖；7:00 关闭电锅炉，改为蓄热装置独立供暖；11:00 峰电时段结束后，改为电锅炉独立供暖；16:00 进入峰电时段后，关闭电锅炉，改为蓄热装置独立供暖，当回水温度降至阈值后，将蓄热装置切出循环管路，改为电锅炉独立供暖；23:00 进入谷电时段后，将蓄热装置接入循环管路，运行方式变为供暖同时蓄热，至此构成一个完整的供暖循环。该供暖循环内各时段的实际参数如表 7-3 所示。

表 7-3　供暖循环实际参数统计表

时 间 段	供热方式	电价 类型	电价 (元/kW·h)	用电量 (kW·h)	总费用 (元)	小时用电量 (kW·h)	小时费用 (元)
23:00-7:00	供暖同时蓄热	谷电	0.256 85	12 145.20	3119.44	1518.15	389.94
7:00-8:30	电锅炉独立供热	平电	0.7489	53.40	39.99	35.60	26.66

时 间 段	供热方式	电价类型	电价（元/kW·h）	用电量（kW·h）	总费用（元）	小时用电量（kW·h）	小时费用（元）
8:30-11:30	蓄热装置独立供热	峰电	1.090 95	93.00	101.46	31.00	33.82
11:30-16:00	电锅炉独立供热	平电	0.7489	422.00	3236.75	960.44	719.28
16:00-21:00	蓄热装置独立供热	峰电	1.090 95	135.00	147.28	27.00	29.46
21:00-21:30	蓄热装置独立供热	平电	0.7489	31.00	23.22	62.00	46.43
21:30-23:00	电锅炉独立供热	平电	0.7489	2020.40	1513.08	1346.93	1008.72

该日全天用电量为 14 900kW·h，电费共计 8181.22 元，其中谷电时段用电量为 12 145.20kW·h，谷电占全天用电比例为 81.51%，谷电时段电费为 3119.44 元，谷电电费占全天电费的 38.13%。此外，由于中午平电时段使用的是电锅炉独立供暖，造成平电时段的用电量以及费用较高。在日电耗量上，单位平方米日电耗量为 0.783kW·h，单位平方米日采暖费用为 0.34 元。根据当年的采暖数据计算，整个采暖季共 125 天，总耗电量达 1.86×10⁶kW·h，其中峰段用电量为 2.85×10⁶kW·h，平段用电量为 3.16×10⁵kW·h，谷段用电量为 1.52×10⁶kW·h，蓄能用电量占比为 42%。整个采暖季电费为 6.20×10⁵ 元，单位平方米采暖费用为 25.84 元。

根据上述分析可知，山东省德州市该年采暖季单位平方米采暖费用为 25.84 元，高于当地居民采暖收费标准（22 元/m²），稍低于工商业采暖收费标准（30 元/m²）。具体原因如下：

（1）当地的供暖收费标准是依据当地燃煤电厂的能源消耗情况确定的，而大型燃煤电厂的成本较低，因此供暖成本低于本项目的电锅炉采暖；

（2）本项目的改造资金有限，为了降低项目投资，相变蓄热装置的储热容量选取较小，导致在蓄热装置独立供暖模式下仅能满足峰电时段的供热需求。如果将蓄热装置容量提高，使其也能满足一部分的平电时段的供热需求，则本供暖系统的运行成本将进一步下降；

（3）电价偏高，本项目为国家电网山东公司相变蓄热试点项目，技术类别为电能替代，如果本项目也能享受到补贴电价，用电成本将进一步降低。

4. 综合效益评价

山东省德州市电业局办公楼及家属院电能替代项目采用电锅炉配合相变蓄热装

置的供暖技术为办公楼以及家属院提供冬季供暖。本项目运行安全稳定，但实际运行成本偏高，虽然后期通过精细化管理、优化供暖系统运行模式可以进一步降低运行成本，但实际影响本项目运行费用的还是能源成本。现阶段制约电能替代项目规模发展的最大因素为电价，如果电价可以下降到 0.2 元 /kW·h 以下，项目的经济情况将得到大幅度改善。

当前随着环境问题的加重，面对散煤采暖等问题，各个地区均拿出相关对策持续推进清洁采暖，而使用电锅炉替代散煤锅炉采暖就是其中一项对策。电锅炉搭配相变蓄热装置采暖系统，一方面可以解决传统燃煤采暖的污染问题；另一方面蓄热装置利用谷电时段进行电热蓄热，对电网调峰以及降低用户采暖成本都有较好的价值。

7.2 节能改造案例

节能改造是指经过节能评估后，将不符合环境保护强制要求的既有建筑的围护结构、供热系统、采暖制冷设备和热水供应设备进行改造，其主要目的是减少原本单位的能源消耗量。对于现有高污染高排放、不符合节能要求的单位实施节能改造，有助于保护有限资源，降低能源浪费，减少污染物排放，实现环境保护的新要求，本节将介绍节能改造方面的典型案例。

7.2.1 上海市某综合性办公建筑节能改造案例

1. 项目概况

本建筑位于上海市虹桥商圈，为国际甲级水平综合性办公大楼，总占地面积为 1.27 万 m²，三面临街，总建筑面积 13.28 万 m²，楼高 5 层。本建筑为典型的独立办公楼宇，配备有独立冷源、热源和配电系统，制冷使用传统的离心式冷水机组配合冷却塔系统，采暖与生活热水由燃油蒸汽锅炉提供。每年的 4 月至 11 月将开启空调制冷，12 月至次年 3 月将进行供暖，办公区域的开启时间为每天的 8:00 至 18:00，节假日一般不开启，商场工作日与节假日的开启时间均为 9:00 至 21:00。[10]

选取本建筑连续三年的能耗进行统计，其年度平均能耗为 4024.37 吨标准煤，年度建筑面积能耗 0.0299 kgce/m²（千克标准煤每平方米），具体的能耗如表 7-4 所示，第三年的年度电能使用情况如图 7-4 所示。

表 7-4　某连续三年建筑总能耗与入驻统计表

年份	柴油 (t)	柴油折标煤 (tce)	电量 (10⁴kW·h)	电折标煤 (tce)	总标煤 (tce)	入驻率
1	351	511.4	1256.6	3627.5	4139.0	80.8%
2	306	445.8	1249.7	3599.0	4044.9	84.9%
3	279	406.5	1209.3	3482.7	3889.2	80.2%
平均值	312	454.6	1239.5	3569.8	4024.4	81.9%

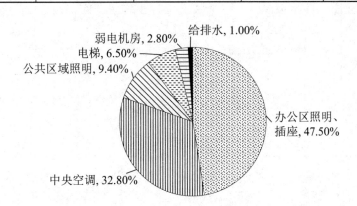

图 7-4　第三年度电能使用情况

从图 7-4 中可以看出，耗电占比最大的是办公区照明、插座与中央空调。此外，大楼配备的柴油锅炉能耗也极高，且氮氧化物排放超标。综上所述，空调系统、柴油锅炉和大楼的照明系统是本次节能减排技术改造的重点。

接着分析大楼的逐月能耗量，选择第三年的逐月耗电、耗油以及折算标准煤消耗量进行分析，如图 7-5 至图 7-7 所示。可以看出在 6 月至 10 月的电耗量最多，这是由于空调系统的水泵、水冷机组与冷却塔运行消耗电能；11 月至次年 3 月的油耗量最多，这是因为冬季采暖是由柴油蒸汽锅炉提供。因此，夏季与冬季的标准煤消耗量较其他月份高。

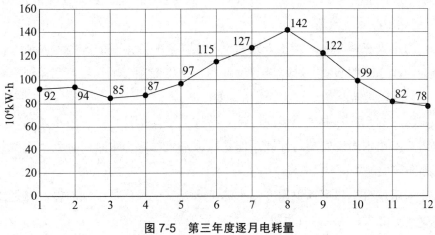

图 7-5　第三年度逐月电耗量

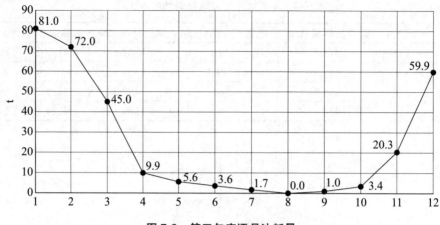

图 7-6　第三年度逐月油耗量

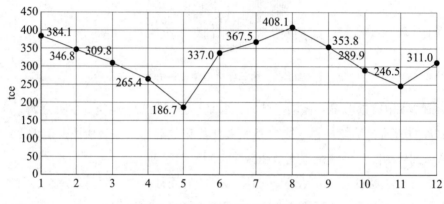

图 7-7　第三年度逐月标准煤消耗量

2.设计思路与技术方法

由上节分析可知,本建筑的节能改造将主要分为空调制冷系统改造、柴油蒸汽锅炉系统改造、生活用水(热水)系统改造与照明系统改造,具体分析如下所述。

1)空调制冷系统改造

现有的中央空调冷冻站操作方式为手动操作,制冷系统的开关主要依靠操作员手动控制,冷冻站的水泵、冷却塔等设备均未采用变频技术。当前空调制冷系统仍存在较多问题,具体而言分为以下五个方面:

①在每年的七八月中央空调的制冷负荷较大,其他月份负荷较小。制冷主机可以根据固定的出水温度安装与卸载,但是冷冻水泵与冷却水泵一直处于满负载状态运行,存在较大浪费;

②冷却塔风机虽然可以根据冷却水的出水温度由操作员手动启停,但是在风机停转时冷却水仍然会流经冷却风机,造成一定浪费;

③由于操作员的错误观念，认为开启多台冷却水泵时可以通过自然风冷却，因此不需要开启多台冷却风机从而节约风机电耗。这将导致冷却水泵电耗上升，冷却水温度上升；

④原控制系统很多传感器存在极大误差，缺乏节能控制逻辑；

⑤冷却水系统为异程式，流量不平衡显现严重，必须开启多台水泵才能勉强维持。

针对以上问题，将采取如下的技术改造措施。

对于空调制冷系统运行效率低的问题，通过增加冷热源智能控制系统，在制冷季可以将包括冷水机组、冷冻水泵、冷却水泵、冷却塔风机在内的制冷辅助设备集中控制。通过实际供冷负荷变化，自动调节水泵和冷却塔风机的出力，不仅可以解决水泵自动加减载荷的问题，还可以通过变频冷却塔风机进行控制，根据实际环境温度自动调整风机转速，在保持最佳冷却效果的同时，充分利用冷却塔的散热面积，降低风机能耗。

2）柴油蒸汽锅炉系统改造

本建筑原有的锅炉系统由 3 台每小时燃烧 6 吨柴油的燃油蒸汽锅炉组成，由于该机组不仅提供建筑冬季的采暖还提供日常生活用水（热水），因此该燃油机组工作时间为全年。平时开启一台每小时燃烧 6 吨柴油的蒸汽锅炉，高峰时段可开启两台，节假日只开启一台。经过第三方能源审计机构的实际测试，三台锅炉的实际运行效率低于国家标准，锅炉排烟温度达 180℃，锅炉实际运行效率仅为 80%，氮氧化物排放指标超过国家标准 150mg/m³。整个锅炉供热系统运维系统成本较高，综合能源使用率仅为 61% 左右。综合能源利用效率的计算方法如式（7-4）所示，其中 η 为蒸汽供热系统综合效率；η_1 为锅炉效率，经第三方检测机构测定为 80%；η_2 为管网送热效率，当输送距离为 250m/h 时，保温情况一般条件下取 90%；η_3 为换热器效率，本系统采用容积式汽水换热器，效率取 85%。

$$\eta = \eta_1 \cdot \eta_2 \cdot \eta_3 \tag{7-4}$$

该锅炉供热系统至今已经运行 18 年，换热能力减弱，同时由于蒸汽锅炉为特种设备，必须经过专人管理且每年通过质检。针对上述分析与实地调研，决定彻底淘汰原有蒸汽锅炉，改为采暖与生活用水（热水）分质独立供应的方案，具体改造方式如下所述。

采暖方面，将使用天然气真空锅炉代替传统柴油蒸汽锅炉作为空调采暖热源，该锅炉使用天然气作为燃料源，锅炉运行时的氮氧化物排放远低于传统柴油蒸汽锅炉。其具体的技术优势如下所述：

①采用超低氮天然气真空锅炉技术，将锅炉氮氧化物排放降低至 30mg/m³ 以下；

②该天然气真空锅炉通过自动控制技术，可以保证在负载不低于 30% 的条件下

实际运行效率达 94% 以上；

③本项目设计回水温度为 40℃，采用冷凝余热回收技术之后，锅炉的满负载运行效率可以达 103% 以上；

④增加辅助控制系统，当末端负荷发生变化时，该系统可以自行调整锅炉的启动数量，同时对采暖水泵进行变频控制，进一步降低采暖系统的能耗；

⑤综合考虑管道损失之后（取 5%），改造后的天然气真空锅炉的系统综合效率为 97.85%。

3）生活用水（热水）系统改造

本建筑的生活用水（热水）为全年供应，改造前的生活用水（热水）由柴油蒸汽锅炉提供。本次改造将采用高效空气源热泵制取生活用水（热水），完全替代原有的柴油蒸汽锅炉。在实际运行过程中，若使用谷电制取生活用水（热水），将进一步降低热水系统的能耗。空气源热泵机组的能效比大于 3.5，在上海等夏热冬冷的地区具有较高的适宜性，且系统运行过程中没有二氧化碳、氮氧化物、硫化物等污染物排出，在保证了经济性的同时具有较高的环保特性。

本建筑共配备 4 组空气源热泵，每组采用 2 台 5 匹的空气源热泵，分楼层分区域放置，并对原有的容积式换热器中的热水进行循环加热，生活用水（热水）供应管路仍采用原有管路。这样不仅可以节约改装费用，而且可以满足热水系统的蓄热性能需求。

4）照明系统改造

大楼的公共区域照明主要采用筒灯、荧光灯和射灯，其通过建筑自控系统进行开启和关闭，建筑内部的亮度可以满足设计的基本需求。本次改造是将建筑内部的普通照明灯具更换为 LED 灯具。

3. 数据分析与项目收益

根据前述的改造方案，各个分项的节能效果如表 7-5 所示，项目年总节能711.6tce，单位建筑面积能耗下降 17.7%。

表 7-5　改造后建筑综合节能效果

综合能源改造项目	技 术 方 案	节约标煤量 (tce)	节能量综合占比（%）
空调制冷系统	冷热源智能控制技术	128.7	3.2
柴油蒸汽锅炉系统	超低氮天然气真空锅炉技术	151.0	3.8
生活用水（热水）系统	高效空气源热泵制取热水技术	52.7	1.3
照明系统	节能 LED 照明	379.1	9.4
总计	-	711.5	17.7

不同项目的节能效益如下所述：

1）空调制冷系统效益

根据制冷主机的负荷性能曲线，冷却水的出水设定温度每升高 1℃或主机冷却水的进水温度每降低 1℃，主机的能耗相应减少 3%～4%。在采用了冷热源智能控制技术之后，一方面可以根据环境温度自动控制冷却塔风扇转速，从而使冷却水温度降低 2℃～3℃，进而提升主机效率 6%～9%；另一方面可以根据实际负荷自动变频控制循环水泵，有效解决冷却风机停转之后冷却水泵仍工作的问题。改造后每年节约电量 44.7kW·h，折合 128.7tce。

2）柴油蒸汽锅炉系统效益

超低氮天然气真空锅炉具有高效、低成本的特点，不存在膨胀、爆炸、破裂等危险。安全可靠，经济性好。本建筑采用的三台真空锅炉通过采用模块化并联设置，可以与楼宇自控连接，运行更加的智能化。改造后每年增加燃气消耗 17.3 万立方米，节省燃油 258t，节约 151tce。

3）生活用水（热水）系统效益

生活用水（热水）的供应主要是将原来的柴油蒸汽锅炉供给热水改为了使用空气源热泵供给热水，其能源结构发生了变化。改造后每年需要消耗电能 9kW·h，节约燃油量 54t，节约 52.7tce。

4）照明系统效益

照明系统改造后总计节约耗电 131kW·h，节约 379.1tce。

5）环境效益

通过使用超低氮天然气真空锅炉和空气源热泵技术代替原有的柴油蒸汽锅炉，解决了污染排放超标的问题，可将氮氧化物排放量由原先的 150mg/m³ 降至 16mg/m³，获得直接的环境效益。

4.综合效益评价

本项目对上海某典型综合性办公大楼进行了节能改造，通过使用冷热源智能控制、超低氮天然气真空锅炉、高效空气源热泵制取热水以及节能 LED 照明等节能技术，实现了显著降低该建筑能耗的目标。该技术方案对于其他办公建筑节能改造具有较大的参考价值，并成功入选"上海市锅炉提标改造（低氮燃烧）示范项目"。

7.2.2 山东某高校供热系统节能改造案例

1.项目概况

本项目位于山东省济南市，为某高校的供热系统改造工程。学校原有供热系统为燃煤锅炉，其配套供热主管网基本完善。本项目拟在原有供热管网的基础上对供热热源进行设计改造，改造的供热区域为学生宿舍区与教学区，建筑面积共计 16.5 万 m²，其中包括宿舍楼 11 幢、食堂 2 幢。

学校原有燃煤锅炉的污染量大，能耗严重，近三年的供热煤耗量与成本如表 7-6 所示，学校锅炉房监测站的污染物监测数据如表 7-7 所示。经实地调研可知，学校原有燃煤锅炉存在高能耗、高排放的问题，其调研结果如下：

（1）学校锅炉房内共装备有三台燃煤锅炉，两台工作一台备用。锅炉和排烟设备体积较大，占地面积较大；

（2）燃煤锅炉安全性较差，有可能会发生爆炸等事故，危害学校师生员工生命财产安全；

（3）污染量大，排烟设备脱硫脱硝技术不够先进，容易造成环境污染。

为响应济南市政府关于强制拆除中小型锅炉的节能减排政策，学校现计划将原有燃煤锅炉拆除，改为复合热源热泵为学校供暖提供热源。

表 7-6　学校近三年供热煤耗量与成本

年　　　数	供热煤耗量（t）	单价（元 /t）	金额（万元）
1	7973.04	554.99	442.50
2	7663.65	492.87	377.72
3	8562.22	450.00	385.30

表 7-7　燃煤锅炉污染物排放情况

测 试 项 目	单　　　位	脱硫装置后测点测试数据
烟温	℃	33.00
烟气流量	m³/h	38 925.00
氧含量	%	17.56
烟尘浓度	mg/m³	13.80
折算烟尘浓度	mg/m³	48.10
烟尘排放量	kg/h	0.53
二氧化碳浓度	mg/m³	19.00
折算二氧化碳浓度	mg/m³	66.00
二氧化硫排放量	kg/h	0.73

续表

测 试 项 目	单　　位	脱硫装置后测点测试数据
氮氧化物浓度	mg/m³	90.00
折算氮氧化物浓度	mg/m³	314.00
氮氧化物排放量	kg/h	3.45

学校周边能源分布与环境状况主要为：学校宿舍区的北边为大面积土操场，为地埋管地源热泵系统的应用提供了埋管区间。宿舍区的东北面为污水处理厂，经调研可知，污水处理厂的中水温度为冬季 10℃～15℃，夏季 22℃～27℃，适合采用污水源热泵系统；污水厂的东侧为规划绿地，为空气源热泵机组的布置提供了场地。综合以上考虑，学校利用的能源资源有地热源、污水热源与空气热源等。

2. 设计思路与技术方法

根据学校周边的能源分布情况，决定使用空气源热泵、污水源热泵与地源热泵相配合的复合热源热泵为学校采暖提供热源。三种热泵系统的优缺点如表 7-8 所示。

表 7-8　三种热泵系统对比

名　　称	优　　点	缺　　点
空气源热泵系统	使用安全，运行可靠；清洁供热无污染；低碳节能，容量可变，安装方便	机组的性能随室外气温变化而变化，在低温情况下系统的能耗较高
污水源热泵系统	初始投资成本较低，运行费用较低；机房占地面积小，节能环保，节水	运行一段时间后系统设备容易堵塞挂垢、效率低下，不易清理维护
地源热泵系统	属于可再生能源利用，节能环保；可以一机多用，应用范围广；安全可靠，易操作	初期投资成本较高；需占用土地埋设地管换热器；冷热负荷不平衡容易造成地下热量积累

经过综合比较，项目最终决定使用"地源热泵—污水源热泵—空气源热泵"复合热源供热系统，该系统充分利用周边资源，采用分布式能源，从而实现节能减排的目的。该学校的冬季采暖天数为 75 天，其中，宿舍区由于全天都有师生活动，因此要求 24 小时供暖；食堂主要使用时间为凌晨 4:00 至晚 20:00，中间除了就餐时间以外仅有少数人员活动。冬天供热，夏天制冷。学校各建筑热负荷表如表 7-9 所示。

表 7-9　学校各建筑冷热负荷表

建筑名称	建筑面积 (m²)	建筑热负荷 (kW)	热指标 (W/m²)	建筑冷负荷 (kW)	冷指标 (W/m²)
学生食堂	20 278.2	1622.256	80	2027.82	100
师生宿舍	144 988.57	6524.485 65	45	0	0
合计	310 255.34	8146.74	—	2027.82	—

根据各建筑的实际热负荷，考虑到需尽量减少地埋管的布管个数，根据污水处理厂的实际工作能力，计算得出污水源热泵系统所承担的最大冷负荷为 850kW，进而得知机组的可承担热负荷为 900kW。剩余的冷负荷将由地源热泵系统全部承担，共计 1200kW，为了保证地下热不均衡保持在 15% 以内，可以求得地源热泵系统所承担的冷负荷为 1010.2kW。其余的热负荷将由空气源热泵系统全部承担，共计 6236.5kW。根据实际调研，本项目将污水源热泵设置在污水处理厂附近，将地源热泵地埋管打井区设置在土操场，空气源热泵机组设置在污水处理厂附近的空地上。

根据设计计算结果，改造方案所选用的主要设备如下所述：空气源热泵机组选用 44 台独立模块化机组，其制冷量为 138kW，制热量为 142kW，制冷与制热用电量均为 38.5kW；污水源热泵机组选用一台制冷量为 847kW、制热量为 904kW 的设备，其制冷用电量为 132.1kW，制热用电量为 194.3kW；地源热泵机组使用一台制冷量为 1291kW、制热量为 143kW 的设备，其制冷用电量为 185.7kW，制热用电量为 284.2kW。

3. 数据分析与项目收益

本项目采用合同能源管理模式。该模式是由节能供应商通过与用能单位签订合同，提供节能产品与服务，帮助用能单位实现节能目标，节能供应商从用能单位的节能效益中取得收益的商业模式。接下来通过初投资与运行成本计算本项目的投资回收期，从而分析本项目的经济性。

1）初投资

本项目所采用的复合热源供热方案初投资如表 7-10 所示，现将其与原本使用的传统的集中供热系统初投资相比较，传统的集中供热所需要的初投资如表 7-11 所示。

表 7-10　复合热源供热系统方案初投资

项　　目	单价（万元）	数　　量	费用（万元）
空气源热泵机组	7.50	44	330.00
地源热泵机组	75.00	1	75.00
污水源热泵机组	48.00	1	48.00
污水泵	1.50	1	1.50
中介水循环水泵	1.50	1	1.50
地源测循环水泵	1.50	1	1.50
末端循环水泵	2.00	2	4.00
污水换热器	0.15	60	9.00
机房附属设备 / 管件	10.00	1	10.00
机房安装及配电	10.00	1	10.00

项　　目	单价（万元）	数　　量	费用（万元）
室外地埋管施工	0.01	24 000	240.00
室外主干管施工	—	—	100.00
机房数据采集系统	1.50	1	1.50
总计	—	—	832.00

表 7-11　传统集中供热方案初投资

项　　目	单价（万元）	数　　量	费用（万元）
板式换热器	0.12	350	42.00
机房附属设备 / 管件	10.00	1	10.00
循环水泵	2.00	2	4.00
机房安装含配电	10.00	1	10.00
机房数据采集系统	1.50	1	1.50
总计	—	—	67.50

通过以上对比可知，现采用的复合热源供热系统方案初投资较传统集中供热方案初投资增加约 764.5 万元。

2）运行费用

根据表 7-12 中对于学校的改造前后运行费用分析可知，改造前集中供热的燃煤锅炉年运行费用为 30 元 /m²，改造后使用的复合热源供热系统运行费用约为 17.14 元 /m²。

表 7-12　改造方案运行费用比较

冷热源方案	改造前		改造后					
季节	夏季	冬季	夏季			冬季		
能源形式		供热网	电			电		
能源价格（元）		30	0.70			0.70		
系统形式		市政管网	污水源热泵	地源热泵	空气源	污水源热泵	地源热泵	空气源
负荷累计（kW·h）		123 78 240	556 325	785 400	0	1 296 000	1 454 688	8 980 617
效率		1.00	4.80	4.80	0	3.80	3.80	3.50
电费（元）		无	195 668.20			2 302 829.20		
单位燃料费用（元 /m²）		30.00	1.18			13.96		
机房运行费用（元 /m²·季）			2 元 /m²·两季					
全年运行费用合计（元 /m²）		30.00	17.14					

3）投资回收期

根据上述分析，对本项目的投资回收期进行计算，回收期的计算方式如式（7-5）所示，其结果如表 7-13 所示。

$$回收期（年）＝考虑利息后的初投资 ÷ 每年节约的运行费用 \qquad （7-5）$$

表 7-13　复合热源供热系统方案投资回收期

考虑利息（5 年）后的初投资 （万元）	节约的运行费用 （万元）	投资回收期 （年）	投资 5 年内收益 （万元）
979.8	212.19	4.60	84.88

4. 综合效益评价

本项目为山东某高校供暖系统节能改造项目。该校原本使用传统燃煤锅炉集中供暖，现改为采用"地源热泵—污水源热泵—空气源热泵"复合热源供热系统，在满足学校师生用暖需求的同时，还做到了学校能源利用方面的可持续发展。采用复合热源供热系统与传统的燃煤集中供暖相比，初始投资增加 764.5 万元，每年将节省运行费用 212.19 万元，本项目采用合同能源管理模式，其投资回收期为 4.6 年，投资 5 年内的收益为 84.88 万元。

本项目所使用的复合热源供热系统方案，通过高效利用学校周边的可利用能源，特别是污水源和地源，对既有能源进行了节能改造，提高了学校的能源利用效率，降低了其污染排放量。本项目为其他高校的节能改造项目提供了重要的借鉴意义，提出了切实可行的改造方案。

拓展阅读 7.2
上海市长宁区
既有公共建筑
节能降碳实践

7.3　多能互补案例

在传统能源中，冷、热、电、气往往是独立设计运行与控制的，不同用能与供能单位不能进行整体上的协调配合，更无法进行统一的调度与管理，这将导致系统的能源利用效率较为低下。多能互补系统是包含多种能源资源输入，并具有多种能量输出与储运模式的"区域能源互联网"（泛能网）系统。该系统可以统筹各种能源之间的配合关系，实现对多种能源的综合管理和梯级利用。随着可再生能源的不断发展，通过建立可再生能源多能互补系统，可以解决可再生能源的不确定性与波动性问题，提高系统供能稳定性，进而获得更高的能源利用效益。本节将具体介绍多能互补方面的典型案例。

7.3.1　山东青岛中德生态园案例

1. 项目概况

山东青岛中德生态园是由中国与德国政府推动，根据我国商务部与德国经济和技术部签署的《关于共同支持建立中德生态园的谅解备忘录》，经两国同意合作建设的高端生态园区。该园区以"中德合作实现具有示范意义的高端生态园区、世界高端生态技术研发区、宜居城市生态示范区"为发展定位，计划将该园区制造成以高端制造业为核心，以生态商务、旅游、居住以及金融等现代生活服务业为支撑，以生态自然为基础的多方位一体的综合性园区。

中德生态园位于青岛市黄岛区经济技术开发区北部，项目总规划 11.59km²。为了建成"多能互补、高效集成、智慧互联"的能源系统，本项目的互联网经济目标与运行机制目标如下所述。[11]

（1）互联网经济目标：项目计划建设全面覆盖园区的能源智能化网络，覆盖率达 100%，此外还计划将园区内的泛能微网能源自给自足率提高到 50% 以上。项目投资内部收益率需要满足投资商的基本要求，并随着网络价值的逐步释放而不断提高。

（2）运行机制目标：项目计划设立成熟的"互联网 +"智慧能源运行机制以保证园区内能源使用安全、高效、智慧。生态园建成后，其能耗需达到 0.23tce/ 万元，接轨德国标准。园区其他相关目标如表 7-14 所示。

表 7-14　园区相关运行机制目标

能源系统项目	目　标	园区负荷类项目	目　标
二氧化碳减排率	64%	规划热负荷	263MW
二氧化硫减排率	86%	规划冷负荷	335MW
氮氧化物减排率	70%	规划电负荷	226MW
粉尘减排率	81%	年累计热负荷	242MW · h/ 年
清洁能源利用率	80%	年累计冷负荷	189MW · h/ 年
可再生能源利用率	20%	年累计电负荷	520MW · h/ 年

续表

能源系统项目	目　标	园区负荷类项目	目　标
—		年累计生活热水负荷	64MW·h/年
—		年累计天然气负荷	12 967m³/年

2. 设计思路与技术方法

为了达成项目所规划的目标，园区能源建设项目将以"互联网+"智慧能源为指导，遵循因地制宜、创新融合、多能互补、智能调控、技术协同、经济合理、点面结合和示范推广的基本原则。本项目的核心即为泛能网及其配套设施的建设与运营，其设计与建设的思路与方法如下所述。

1）泛能网系统构建的总体方案

园区设计的能源系统主要依据"能量品味对口、能源梯级利用、电能削峰填谷、互补调峰"的设计思路，尽可能多地使用可再生能源，建立分布式与集中式相结合、可再生能源与化石能源相结合的多能源混合配给的泛能网系统。根据系统能效四环节的构建方法，如图 7-8 所示，泛能网的主要环节包括能源生产、能源储运、能源使用以及能源再生四部分，其具体运作方式如下所述。

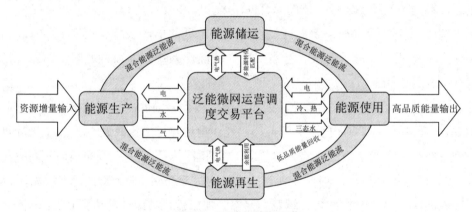

图 7-8　系统能效四环节

（1）能源生产环节。在能源生产端，园区内布置有大唐分店、市政电力和气网、热力与余热等供给系统，将这些供能设置全面集成并综合利用，可以形成可再生能源与清洁能源循环互补的供能模式。使用园区内的能源互联网，将各种能源统一调配后通过能源互联网输送至各个区域，通过各区域的泛能站根据实际终端用能需求进行智能调配。

（2）能源储运环节。根据园区划分的各个区域，在各区域的泛能站内集中建设储热、储冷与储电装置，同时区域内用电实行削峰填谷方式，在保障园区功能系统稳定性的同时还可以有效降低用能成本。此外，利用园区内的能源互联网将各区域的泛能站连接起来，可以使整个园区内的热、电、气等能源互补，实现了小区域内削峰填谷、大区域内互补调峰的运行模式，有效地提高了系统的能源利用率，保障了系统安全性，降低了储能设备投资。

（3）能源使用环节。首先针对园区内原有的各种用能设置进行优化，包括生活建筑、工业设备、交通设施等，通过降低这些终端系统的能源需求，在不影响舒适度和经济性的条件下实施节能优化，从而降低系统的能源消耗。园区内工业设备的单位能耗需达到国内先进水平，生产生活中的余能或废料需要通过区域泛能网进行回收，并且作为下游产业的原料进行循环利用。园区内的公共交通系统采用清洁能源供能，其清洁交通系统应与现青岛市内的清洁交通系统对接。工业、建筑、交通等终端用能需求均由区域泛能站通过泛能微网提供，终端用户所产生的各种余能也全部接入泛能微网回收利用。泛能微网通过泛能区域网与主干网相连接，通过负荷分级优化控制保障微网运行的可靠性。

（4）能源再生环节。园区内生产生活等环节产生的废能均使用余能回收技术进行回收利用，从而减少总体能源消耗。其中工业以及泛能站生产的余能通过循环水热泵等装置进行回收利用，园区内的工业与生活垃圾污水进行分类回收处理，回收的有机废物等可以在园区外通过生物燃气技术制成天然气回供给园区，进一步提高园区整体的能源利用效率。

以上的四环节系统，将通过泛能网运营调度平台进行统一控制和调度，自动完成能源从生产、储运、使用再到循环再生的周期。

2）综合能源基础设施构建

园区内的能源互联网以能源基础设置和信息化设备为基础，在各区域内实现"电、热、气"的梯级匹配，并形成信息和能量的耦合协同状态，最终实现能源的高效安全利用。

园区内的综合能源基础设施配置为：利用各区域内的核心泛能站对园区内的供能端（园区内的其他泛能站、CNG 储存站、LNG 接收站、生物燃气）与园区外的供能端（国家电网、燃气门站、光伏电站、风力发电站）进行统一优化调度。而区域核心泛能站又包括前述四个环节，即生产、储运、使用以及再生，其中生产环节主要由国家电网、抓马山风力发电站、屋顶光伏电站以及燃气门站进行能源供给；储运环节由 CNG 充储站、LNG 接收站、充换电站参与，向周边用能设施提供电力、蒸汽、热水等多种能源；使用环节主要依靠各区域的泛能站完成；再生环节由生物燃气和大唐黄岛热电厂循环水余热系统完成。

3）信息化实施设计与布置

园区的信息化设施主要包括泛能运营中心与泛能微网运营调度交易平台，其各自的作用与工作流程如下所述。

泛能运营中心是根据园区用户的能源需求，通过通讯总线向各个网络控制器发送能源调度指令。每个控制器通过分析各个泛能站的运行情况进行最优化调度，再将调度结果传达给各个泛能站能效平台。泛能站能效平台接到调度指令后将通过实时数据库向能效控制器下达经过能效优化计算后的参数和指令，最后通过能效控制器执行泛能运营中心所需要的能源调度结果。

而泛能微网运营调度交易平台是通过充分利用先进的互联网技术、大数据技术与通信技术，构建一套完整的一体化信息通信系统和数据交易平台。通过该调度平台将系统内的智能电网、智能热（冷）网、智能燃气网等能源网络的数据进行整合分析，充分挖掘信息和数据资源，进一步提升泛能微网的信息处理能力和智能决策能力。泛能微网运营调度交易平台设有客户服务层、内部运营层、调度监控层和能源设备层。客户服务层是针对用能客户，实现能源交易模型设计、合同管理、账单管理与客户服务的功能；内部运营层是通过需求侧响应与管理、负荷分配等实现多能源综合优化功能；调度监控层通过整合数据检测技术，通过对气象数据收集整理，对发电与负荷进行预测等实现优化能源调度、高效智能管理网络等作用；能源设备层主要负责用户需求侧控制和能源平台总体控制。

3. 数据分析与项目收益

中德生态园能源系统建设总投资 19.2 亿元，通过成立区域泛能微网运营公司，组织泛能站、资源循环利用系统、泛能运营中心、输配系统等投资建设，进行供冷供热、部分供电、生活热水等能源收费工作。在当前的经济条件下，项目税后内部收益率为 8%，静态回收期为 15 年，随着项目建设以及达产率的进一步提高，其经济效益会出现明显利好，本项目的经营效益如表 7-15 所示。

表 7-15 中德生态园项目主要营业收入

项 目	达产年收入（万元）	项目供应量	项目单价
供热	19 615	-	-
供生活热水	3500	140 万 t	25.00 元 /t
供电	23 467	36 666 万 kW·h	0.64 元 /kW·h
供冷	9216	20 479 万 kW·h	0.45 元 /kW·h
商业采暖	18 972	573.86 万 m²	33.06 元 /m²
供蒸汽	4371	18.6 万 t	235.00 元 /t

此外还有供热配套费收入，根据住宅和公共建设投产进度收取，其 7 年的收入如表 7-16 所示。

年 份	1	2	3	4	5	6	7
供热配套费收入（万元）	2938	826	7808	6698	11 589	22 533	10 296

表 7-16　供热配套费收入　　　　　　　　　　单位：95 元 /m²

本项目全部投资的静态回收期（所得税后）为 15.36 年。本项目的中德生态园能源系统是高效率的环保型系统，具有极高的节能环保价值，能够让园区范围内的节能率超过 50.7%，二氧化碳减排率不低于 64%，清洁能源利用率超过 80%，推进了中德生态园节能减排和能源结构优化目标的实现，同时也有效促进了国家节能减排工作的开展。

4.综合效益评价

中德生态园是中德两国政府为应对日益严峻的环境问题和日渐枯竭的化石能源共同打造的具有可持续发展示范意义的生态园区。园区以低碳环保、产业转型、创新智慧、绿色宜居为目标，使用领先的能源利用技术和智慧运营调度技术来构建园区的能源系统示范项目。在项目的建设发展过程中，中外许多行业和企业进行跨界合作，共同围绕建设能源互联网核心技术进行了创新和技术研发。

本项目通过区域能源互联网的构建，实现了由化石能源向可再生清洁能源、其他能源向电能的替代，充分利用地区能源资源的优势，实现了多能互补的重要作用。通过大力发展泛能网建设，可以获得相关技术创新升级，对培育和发展新的能源互联网产业起到关键促进作用。通过大力发展高效率的环保机组，起到了带头模范作用，有助于推进地区节能减排和实现能源结构优化调整的目标。本项目在能源互联网方面进行了积极的探索，提出了生产端和用能端相结合的创新模式，对改善终端能源消费结构、控制污染物排放等工作具有极佳的示范价值。

7.3.2　上海电力大学微电网案例

1.项目概况

拓展阅读 7.3
28 个新能源
微电网示范
项目

该项目为上海电力大学临港新校区智能微电网示范项目，位于上海市临港新片区，为上海电力大学主校区，总占地面积为 0.64km²，建筑面积为 57.5 万 m²。该项目由国网节能设计研究院承包，全力推进工程的设计、施工、运营等关键环节。上海电力大学临港校区的主体一期二期工程于 2018 年 9 月投入使用，本示范项目与校区主体工程同步建设，于 2018 年 9 月开始运行调试，并于同年 12 月 18 日顺利竣工。[12]

该示范项目与校园的整体规划相结合，运用系统整体性思路制订解决方案，充分满足校园用户的实际需求。项目在明确校方需求的基础上,结合校区设计总体规划、学科特色和绿色智能能源建设理念,制订了集信息平台、节能减排、新能源、电能替代、智能微电网、绿色建筑为一体的校园电、热等用能系统解决方案,包括分布式光伏发电、分布式风力发电、智慧路灯、光电一体化充电站、"太阳能＋空气源热泵热水"、混合储能等系统。此外,本项目还计划配置微电网运行控制系统、建筑圈能耗管理系统、智慧能源管理控制平台等。本项目拟定的方案具有较强的可操控性,在有利于校园师生生活、学习、科研的同时,还为后勤物业等相关运维部门的工作提供了便利。项目的基本情况如表 7-17 所示。

表 7-17　上海电力大学临港校区微电网示范项目基本情况

项 目 指 标	内　容
占地面积	0.64km²
已建成建筑面积	25.8 万 m²
用能人口	10 000 余人
平均每日用电量	约 41 000kW·h
平均每日用热水量	约 400t

2. 设计思路与技术方法

本项目共建设了 10 栋公寓的"太阳能＋空气源热泵"热水系统、约 2MW 的分布式光伏发电系统、300kW 的风力发电系统、1 套使用铅炭电池与磷酸铁锂电池的混合储能系统、配套设施有智能微电网与智慧能源管控系统等。本项目通过构建智慧能源管理系统,实现了建筑物的能效管理、综合节能管理以及"源—网—荷—充—储"的协同运作。该综合能源系统的具体配置如下所述。

1）分布式光伏发电系统

分布式光伏发电系统设置在全校 21 栋建筑物屋面以及一个光电一体化充电车棚的棚顶,总装机容量为 2061kW。光伏发电面板采用单晶、多晶、建筑用光伏构件、发射极和背面钝化电池、切片、叠片等多种组件形式,在供应清洁电力的同时,为学校师生免费提供了研究新能源技术的试验场所。该光伏发电系统充分利用了大部分院系楼、教学楼的屋顶,所产生的直流电通过汇流箱接入逆变器转换为 400V/50Hz 的交流电,经并网装置接入校园 10kV 低压配电网。

2）风力发电系统

本项目为学校能源系统配置一套风力发电系统。该系统采用一台 300kW 的水平轴永磁直驱风力发电机组,风轮直径为 38m,额定转速为 34rpm,额定风速为 12.5m/s,切入、切出风速为 3m/s 和 25m/s,轮毂高度为 51.49m,叶片长 18.25m,扫掠面积为

907m²，全年发电约 45kW·h，与光伏发电系统、储能系统共同接入微电网系统。

3）储能系统

储能系统由三组子设备构成，其分别为 100kW×2h 的磷酸铁锂电池、150kW×2h 的铅炭电池和 100kW×10s 的超级电容储能设备。这三组储能设备与学校的不间断电源相连接一同接入微网系统。

4）"太阳能 + 空气源热泵"热水系统

为了提供学校的生活用热水，项目使用空气源辅助太阳能热水系统，该系统分布在 10 栋公寓楼的屋面。为了进一步提高能效，天气条件良好时将优先利用太阳能加热，正常工作时将使用 33 台空气源热泵进行加热。该系统每天集中供应 800t 热水，解决了 1 万余名师生的生活热水需求，该热水系统还配备有智能热网系统，可以自动根据热水系统的水温、水压等数据，自动控制加热时间与加热方式。

5）智能微电网

本项目建立了智能微网系统，该系统采用光伏、风电、储能等发电与储能技术，搭配智能变压器和智能配电设备，充分结合电力需求侧管理和电能质量控制等技术，实现用电信息自动采集、供电故障快速响应、综合节能管理、智慧办公互动、新能源接入管理等功能。该系统还与储能系统相配合，在切断外部电源的情况下，微电网内的重要设备可以离网运行 1 至 2 小时。

6）智慧能源管控系统

该系统主要用于检测校园内的风电、光伏、储能、"太阳能 + 空气源热泵"热水系统的运行情况，实现智能微网、智能热网、校园照明智慧管理系统以及校园微网系统信息集成与共享的功能。该系统可以满足学校对新能源发电、校园用电、校园用水等综合能源资源的实时监控和动态管理。通过对实时数据的分析与挖掘，进而实现各种高节能控制系统的综合管控，从而形成整个校园综合能源系统的控制中枢。

3. 数据分析与项目收益

本项目自建成投运之后，各项系统运行良好，本节将对本项目的综合能源重点示范项目，即分布式光伏发电、风力发电、"太阳能 + 空气源热泵"热水系统以及智能微电网系统的运行效果进行分析。

1）分布式光伏发电情况

选取项目投运后的某个正常运行月，对校园内的分布式光伏发电量进行统计。月发电量和各个分布发电系统的装机容量如图 7-9 所示。

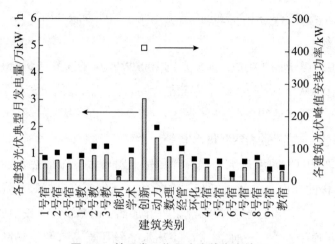

图 7-9　某正常工作月度光伏发电情况

由图 7-9 可以看出，该月度的各分布式发电系统的发电量与其峰值安装功率有关，项目充分发挥了各系统的发电能力。按照当地当月的峰值日照小时数，可以分别计算屋顶光伏发电系统的综合效率，如图 7-10 所示。

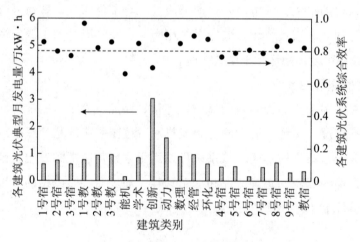

图 7-10　工作月份光伏发电系统综合效率图

从图 7-10 可知，分布光伏发电系统的综合效率基本上处于 80% 以上，达到了预期的目标要求。但是仍存在个别楼宇的发电系统效率低于 80% 的情况，这是因为这些楼宇的楼层高度较小，在冬季时太阳高度角较低，导致光照辐照强度较低，进而影响了光伏发电量和系统综合效率。

2）风力发电情况

本项目风力发电机组装机容量为 300kW，受到附近防风林的遮挡、微风天气较多以及风机高度等因素的影响，在现有的风力资源条件下，项目截止到 2019 年 5 月底，其风机发电量为 84 529kW·h，折算平均年利用时长为 2413h，无弃风现象产生。

3）"太阳能＋空气源热泵"热水系统情况

项目自投运以来，截止到 2019 年 5 月 13 日，其热水供应量与每天耗电量如图 7-11 所示，其中 2019 年 1 月 28 日至 2 月 17 日为寒假停运阶段。由图 7-11 可知，该热水系统为师生提供了稳定的热水供应量，并充分利用了太阳能集热设备，明显降低了空气源热泵的耗电量，做到了多能互补降低系统单位电耗的作用。热水系统高效稳定运行，为学校师生的日常生活提供了有力保障。

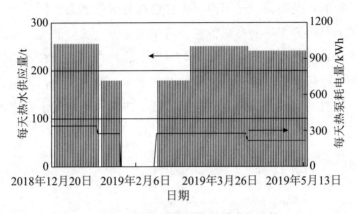

图 7-11 耗电与热水供应量的变化趋势

4）智能微电网运行情况

自项目投运以来，项目部统筹运行智能微电网系统，多次由并网运行切换至离网运行，在一定时间内维持功率平衡，保证系统内的重要负荷供电质量，成功证明了本项目中智能微电网运行的可行性和可靠性。

在经济效益方面，本项目总投资 3502 万元，由国网节能公司提供 20 年运营权，项目中风机系统的投资回收期最长，热水系统的投资回收期最短。项目中的热水收益主要来自热水供应收费；光伏和风电在除去自发自用量后还可以收取余电上网的电费来获得经济效益。由于学校为公共事业单位，用能稳定，风险较小，在学校用能领域具有示范推广意义。

截至 2020 年，本项目系统累计供应清洁电力 172 万 kW·h，其中包括光伏发电 163 万 kW·h，风力发电 9 万 kW·h，为全校师生供应热水 10 万 t。本项目承担了该校区 20% 的电力供应，同时将智慧能源系统融入了师生的学习生活中。通过新能源自主供电系统与能效管理系统，学校的能耗比相同规模的校园降低了近 25%，预计年减排二氧化碳 2243t，年减排二氧化硫 67t。

4. 综合效益评价

本项目在满足校园"绿色低碳、智慧高效"的建设目标的同时，也实现了经济转型、电企获利的经济指标要求。本项目与上海电力大学临港校区同步建设，避免了后期改造带来的诸多问题，从经济上为学校和企业节约了相关的潜在投入。

本项目的社会效益有：第一，本示范项目不同于以往的校园类智能微电网项目的单纯实验形式，是立足于高等科研院校的真实场景大规模应用项目，真正做到了服务校园科研生活的实际效果，体现了项目的整体性；第二，本示范项目采用光热、光伏、风电多能互补、节能高效等能源供应模式，有效提高了学校能源利用率，响应国家节能减排的相关政策，在国内率先打造绿色低碳智慧校园；第三，本示范项目充分考虑了上海电力大学的办学特色，将学生培养、科研教育、辅助实验等学科建设与学校能源系统建设相结合，该微电网示范项目在作为学校的能源供应系统的同时还可以为学校师生提供科研对象和先进的展示与教育平台，为学校培养人才提供有力支撑；第四，本项目作为高校能源项目的成功试点，其示范作用得到了社会各界的好评，充分发挥了本项目的示范引领作用。

▶▶ **本章测试题（扫码答题）**

参 考 文 献

[1] 刘明德，江阳阳.能源互联网的概念探讨与其国家发展意义[J].西南石油大学学报（社会科学版），2016，18（2）：16-22.

[2] 张宁，邢璐，鲁刚.我国中长期能源电力转型发展展望与挑战[J].中国电力企业管理，2018（13）：58-63.

[3] 段立强，余晓辉，王步云等.塔式光煤互补系统变工况性能研究[J].工程热物理学报，2018，39（3）：476-483.

[4] 李文甲，郝勇.聚光光伏与甲醇重整热化学互补发电系统性能研究[J].工程热物理学报，2017，38（7）：1434-1440.

[5] 搜狐网.曼彻斯特的智慧城市建设！[EB/OL].（2016-12-18）.[2023-07-29].https：//www.sohu.com/a/121879672_470071.

[6] 国家发展改革委，国家能源局.2020年能源工作指导意见.https：//www.gov.cn/xinwen/2020-06/28/content_5522261.htm.

[7] 何艺卿.广东电网公司珠海供电局电能替代典型案例（电动汽车充电站）分析[J].科技与创新，2019（3）：4-6.

[8] 《综合能源服务百家实践案例集》编委会.综合能源服务百家实践案例[M].北京：中国电力出版社，2021.

[9] 王根军，王业儒.电锅炉结合相变储能装置供暖技术的项目案例分析[J].能源与节能，2019（10）：39-41.

[10] 邹国良.上海市某综合性办公建筑节能减排解决方案与节能潜力案例分析应用研究[J].上海节能，2020（6）：581-587.

[11] 刘永亮.综合能源系统协同运行策略与规划研究[D].山东大学，2021.

[12] 封红丽.上海电力大学微电网示范项目成效调研[J].电器工业，2019（11）：50-53.

教师服务

感谢您选用清华大学出版社的教材！为了更好地服务教学，我们为授课教师提供本书的教学辅助资源，以及本学科重点教材信息。请您扫码获取。

➤➤ 教辅获取

本书教辅资源，授课教师扫码获取

➤➤ 样书赠送

管理科学与工程类重点教材，教师扫码获取样书

 清华大学出版社

E-mail: tupfuwu@163.com
电话：010-83470332 / 83470142
地址：北京市海淀区双清路学研大厦 B 座 509

网址：https://www.tup.com.cn/
传真：8610-83470107
邮编：100084